, 꿈을 두드려라(Do)!"

이 책 《청년이여, 지금 시작하라》를 읽고
꿈을 두드리는 사람은
누구나
원하는 것을 얻게 되리라.

성공을 부르는 마법의 힘을
_____ 님에게 드립니다.

_____Dream

년   월   일

청년이여,
지금 두드림
Do Dream
시작하라

청년이여, 지금 시작하라

초판 1쇄 2019년 2월 28일

지은이 MBN Y 포럼 사무국
펴낸이 전호림
책임편집 오수영
디자인 제이알컴
마케팅 박종욱 김선미 김혜원

펴낸곳 매경출판㈜
등   록 2003년 4월 24일(No. 2-3759)
주   소 (04557) 서울시 중구 충무로 2 (필동1가) 매일경제 별관 2층 매경출판㈜
홈페이지 www.mkbook.co.kr
전   화 02)2000-2642(기획편집) 02)2000-2636(마케팅) 02)2000-2606(구입 문의)
팩   스 02)2000-2609 **이메일** publish@mk.co.kr
인쇄·제본 ㈜ M-print 031)8071-0961
ISBN 979-11-5542-967-9 (03320)

책값은 뒤표지에 있습니다.
파본은 구입하신 서점에서 교환해 드립니다.

이 도서의 국립중앙도서관 출판예정도서목록(CIP)은 서지정보유통지원시스템 홈페이지(http://seoji.nl.go.kr)와
국가자료공동목록시스템(http://www.nl.go.kr/kolisnet)에서 이용하실 수 있습니다.
(CIP제어번호: CIP2019004371)

두드림 *Do Dream*

청년이여, 지금 시작하라

Hakuna Matata, Start Now!

MBN Y 포럼 사무국

매일경제신문사

Do Dream

PART6. **두드림 실천법**

당장 세 가지 두드림을 시작하라   206

날마다 두드림하라   211

소원 목록을 만들어라   214

실행 목록을 만들어라   218

금지 목록을 만들어라   221

감사 목록을 만들어라   224

Do Dream

인생을 바꾸는
세 가지 보석

성공 키워드,
두드림

아무도 알려주지 않았던 성공 키워드, 두드림

가슴 뛰는 단어 '성공'을 만들어낸 사람들에게는 어떤 DNA가 있을까? 성공할 사람은 타고난 것일까, 죽어라 노력하면 성공은 누구나 할 수 있는 것일까? 1등 명품방송 MBN 기자들이 지난 5년 동안 크고 작은 성공을 거둔 수많은 사람의 성공 사례를 분석해보았다.

수많은 글로벌 리더를 비롯해 스타 연예인, 스포츠 영웅, 주요 기업 CEO, 창업자, 정치 지도자, 석학들과의 인터뷰 내용과 서적을 통해 그들의 성공 비밀을 찾아낼 수 있었다. 그런데 그 성공의 법칙은 아주 사소하지만 위대한 것이었다. 누구나 생각하면 다 알 수 있는 것들이었다. 그럼에도 성공한 사람들은 그 비밀의 일부조차 알려주지 않았다.

그 비밀은 무엇일까. 바로 '두드림Do Dream'이라는 세 글자다. 누구나 꿈
꾸고Dream 도전하면Do 꿈을 이뤄낼 수 있었다. 그런데 그 꿈을 이루려면
두드리고 또 두드려야 했다. 결코 포기란 없었다. 쉼 없는 두드림이 꿈에
다가가게 해줬고 '자기혁명'의 혜안을 제공해줬다. 그리고 두드림은 꿈에
도전하는 사람에게 성공이라는 달콤함을 안겨줬다. 하지만 꿈을 이루지
못한 대부분의 사람은 삶에 쫓겨, 아니면 생활에 지쳐 꿈도 없이 살고 있
었다.

두드림, 지금 시작하라

두드림은 매우 중의적인 표현이다. 둘 이상의 여러 가지 의미로 해석
된다. 두드림의 첫 번째 의미는 실제 형체가 있는 사물을 '두드리라'는 것
이다. 북소리를 내려면 북을 두드려야 한다. 닫힌 문을 열려면 문을 두드
려야 한다. 문자를 보내거나 콘텐츠를 검색하려면 키보드를 두드려야 한
다. 이 두드림은 결과를 얻어내려면 무엇이든지 '행동'이 있어야 한다는
단순한 진리를 말하는 것이다.

또 다른 두드림의 의미도 있다. 다소 추상적인 의미에서 끝까지 꿈을

이루기 위해 '두드리라'는 의미를 갖고 있다. 영어의 두드림Do Dream과 같은 의미다. 영어의 두드림은 꿈꾸고Dream 도전을 실행에 옮기는 행동을 하라Do는 데 방점이 맞춰져 있다. 다시 말해 두Do는 꿈Dream을 강조하는 의미이면서 동시에 꿈만 꾸지 말고 꿈에 도전하라는 실행을 강조하고 있다. 즉 두 번째의 두드림은 모두 목표나 꿈, 도전과제를 두드리는 것과 연결돼 있다.

대학 입학의 꿈을 이루려면 대학의 문을 두드려야 한다. 취업의 꿈을 이루려면 취업의 문을 두드려야 한다. 해외시장 진출의 꿈을 이루려면 글로벌 시장을 두드려야 한다. 사람도 꿈을 이루려면 자신의 꿈을 두드려야 한다.

이처럼 꿈을 이루는 첫걸음은 두드림에서 시작된다. 예수도 "문을 두드려라. 그러면 열릴 것이다"라는 말로 용기를 주고 있다. 이 두드림에는 울림이 있다. 원하는 것, 구하는 것을 향해 간절하게 두드릴 때 원하는 것, 구하는 것을 얻게 된다. 세게 두드릴수록 더 큰 울림으로 다가오고 더 많이, 더 자주 두드릴수록 문은 쉽게 열리게 된다. 더 크게 두드릴수록 자신을 울려 가슴을 더 벅차오르게 하고 그 울림은 주위로 퍼져나간다. 한두 번 두드리는 게 아니라 포기하지 않고 끝까지 두드릴 때 '열림'에 다가가게 된다.

그런데 성공한 사람들은 한결같이 '큰 꿈Big Dream'을 꾸고 작은 두드림부터 두드렸다. 원대한 꿈을 품고 그 꿈에 다가가기 위해 자기 자신을 수도 없이 두드렸다. 특히 현재의 1등에 도전장을 냄으로써 새로운 승자가 되는 뉴 챔피언을 꿈꿨다.

꿈을 쉽게 포기하지도 않았다. 한 번 두드려 열리지 않으면 두드리고 또 두드렸다. 수백 번, 수천 번 두드려도 열리지 않는 경우도 많았다. 그렇지만 좌절하지 않고 다시 두드렸다.

성공 비밀, 두드림이 말하는 두드린다는 것은 이처럼 꿈에 다가가기 위한 '몸짓', 즉 실행을 말한다. 성공을 꿈꾼다면 지금 즉시 두드림이라는 화두를 가슴속에 품어라. 그리고 작은 것부터 두드리고 실행에 옮겨라.

인생을 바꾸는
세 가지 보석

인생을 바꾸는 첫 번째 보석, 갈망의 두드림

성공의 출발은 어디에서 시작될까. 내 삶에서 간절히 원하는 것, 바로 꿈을 갖는 일에서 시작된다. 눈을 감고 내가 갈망했던 꿈이 무엇이고 잊고 있는 꿈이 무엇인지, 나는 어떤 꿈을 꾸고 있는지 나 자신을 깨워야 한다. 이것이 갈망의 두드림이다. 내가 갈망하는 게 무엇인지 찾아내는 갈망의 두드림을 지금 시작해야 한다.

갈망(꿈)을 갖게 되면 갈망을 내 것으로 만들기 위해 어떻게 해야 할지 할 일이 생겨난다. 만약 여행을 계획했다면 여행 비용과 방문지, 동반자, 일정 등에 대해 생각을 시작하게 된다. 또 '내 차 구입'의 목표를 세웠다면 돈을 벌고 모으는 방법을 고민하게 된다. 원하는 대학, 인생의 꿈을 꾼다면 그 꿈에 다가갈 방법들을 자연스럽게 생각하게 된다. 이처럼 작은 약속에서 목표, 성취, 꿈에 이르기까지 무엇인가를 계획하는 데서 자신만의 꿈의 발견이 시작된다.

꿈을 꾼 다음에는 그 꿈을 이뤘을 때의 기쁨을 미리 머릿속으로 즐겨야 한다. 상상만으로도 꿈을 이뤘을 때를 생각하는 것은 즐거운 일이기 때문이다. 나아가 삶을 설레게 해준다. 이 때문에 꿈이 있는 사람의 설레는 삶과 꿈이 없는 사람의 무미건조한 삶 사이에는 큰 차이가 있다.

인생을 바꾸고 싶은가. 인생을 행복하게 하고 싶은가. 그렇다면 인생을 바꾸는 첫 번째 보석, 갈망의 두드림을 시작해야 한다. 성공한 모든 사람은 한결같이 그들이 꼭 이루고 싶은 간절한 꿈이 있었다. 왜 그 꿈을 이뤄야 하고, 왜 내가 그 꿈의 주인공이 돼야 하는지 분명한 신념이 있었다. 남들이 이해하기 힘들 정도의 간절함과 갈망이 있었다. 딱 무엇이라고 설명하기 힘들 정도로 매우 강한 집착과도 같은 갈망이 있었다. 그 꿈을 이루기 위해 끊임없이 노력했고 결코 포기하지 않았다. 갈망의 크기도 원대했다. 1등, 금메달리스트, 스타, 챔피언이 되는 최고의 자리를 갈망했다.

Do Dream

갈망의 두드림 따라 하기

✔ 자신이 원하는 인생의 갈망을 찾아내라.

✔ 큰 꿈을 원한다면 작은 두드림부터 시작하라.

✔ 갈망이 가져다줄 달콤함을 상상하라.

✔ 최고가 되는 챔피언의 자리를 갈망하라.

✔ 최악의 상황에서 최고의 결과를 갈망하라.

✔ 내 삶의 갈망이 인생을 바꾼다고 믿어라.

✔ 갈망을 얻기 위해 끊임없이 갈망을 두드려라.

✔ 갈망이 가져다줄 성취감을 미리 느껴라.

✔ 잊고 있었던 꿈과 갈망을 다시 꺼내라.

✔ 갈망의 꿈이 기적을 만든다고 믿어라.

✔ '꿈★은 이루어진다'고 확신하라.

✔ 내 갈망의 두드림이 다른 사람의 희망이 되게 하라.

✔ 갈망의 두드림으로 자기혁명을 일으켜라.

✔ 갈망의 두드림이 인생 역전을 부른다고 믿어라.

✔ 좌절의 순간에 "나에게는 꿈이 있다"라고 외쳐라.

✔ 갈망을 앞세워 꿈을 향해 질주하라.

인생을 바꾸는 두 번째 보석, 생각의 두드림

성공한 사람들은 생각이 남달랐다. 갈망의 두드림을 성취로 연결시키기 위해 인생을 바꾸는 두 번째 보석, 생각의 두드림을 시작했다. 자신만의 꿈, 즉 갈망에 다가가는 방법을 고민하고 또 고민했다. 생각에 빠져 구체적으로 꿈을 이룰 방법을 찾아내는 데 매달렸다. 꿈을 이뤘을 때의 기쁨을 생각해보기도 하고 실패했을 때 좌절한 자신의 모습을 상상해보기도 했다.

그런데 이들이 남달랐던 것은 자신만의 '실행의 법칙'을 찾아냈다는 점이다. 성공한 사람들의 사연을 벤치마킹하고 성공에 이르는 길에 대한 생각을 멈추지 않았다. 성공 신화를 만들어낸 사람들은 꿈에 대한 갈구, 꿈에 대한 갈망을 현실로 만들기 위해 끊임없이 상상의 나래를 폈던 것이다. 머릿속으로 꿈을 성취하는 좀 더 구체적인 생각들을 하며 성취의 기쁨을 날마다 머릿속으로 즐겼다.

그들은 베스트셀러 《시크릿》에서 제시했던 성공 비밀 '끌어당김의 법칙Law of Attraction'을 철저히 활용했다. 끌어당김의 법칙이란 우리 인생에 나타나는 모든 현상은 우리가 끌어당긴 결과라는 것이다. 좋은 결과를 끌어당기면 좋은 결과가, 나쁜 결과를 끌어당기면 나쁜 결과가 찾아오게 된다. 성공한 사람들은 반드시 성공한다는 생각으로 자신에게 마법을 불어넣었다.

따라서 성공을 꿈꾼다면 끌어당김의 법칙을 작동시켜야 한다. 더 밝은 미래, 성공하는 미래, 운명을 바꿀 미래를 상상하고 확신하며 긍정의 마법을 불어넣어야 한다. 많은 성공한 사람은 생각의 끌어당김, 즉 생각의 두드림을 통해 꿈을 이룰 구체적인 방법들을 수없이 끌어당겼다. 그때마다 이 '끌어당김'은 꿈과 성공에 다가가는 지혜를 섬광처럼 떠오르게 했다.

Do Dream

생각의 두드림 따라 하기

✔ 꿈을 이룰 방법을 찾는 생각의 두드림에 빠져라.

✔ 갈망을 성취하는 방법을 끝없이 찾아라.

✔ 하루, 이틀에 안 되면 1주일, 1년을 고민하라.

✔ 고민하면 해법이 생긴다고 믿어라.

✔ 지혜가 생길 때까지 생각을 멈추지 말라.

✔ 생각 속에서 해법을 찾는 끌어당김의 법칙을 작동시켜라.

✔ 생각의 꼬리 물기를 즐겨라.

✔ 무한한 상상력의 세계에 빠져라.

✔ 날마다 생각의 두드림에 빠져라.

✔ '성공할 수 있다', '나는 할 수 있다'라는 생각을 두드려라.

✔ 생각의 두드림으로 일을 즐기는 방법을 찾아라.

✔ 불가능, 불가사의에 도전하는 생각을 꺼내라.

✔ 불행, 좌절, 실패, 가난, 장애의 늪을 탈출하는 생각을 하라.

✔ 꿈을 이룬 뒤 느낄 기쁨을 상상으로 즐겨라.

✔ 생각의 두드림이 미래를 밝힌다고 믿어라.

✔ 생각의 두드림을 통해 성공의 비법을 찾아라.

인생을 바꾸는 세 번째 보석, 실행의 두드림

아무리 큰 꿈을 갖고 있더라도, 아무리 꿈을 이룰 생각이 원대하더라도, 구체적인 성취 방법을 알더라도 실행이 없으면 무용지물이다. 성공한 사람들은 남다른 '실행력'이 있었다. 끈기와 인내, 오기로 원하는 목표를 향해 달려가는 강한 집념이 있었다. 꿈을 이룰 수 있다는 강한 믿음으로 자기최면을 불어넣었다.

갈망의 두드림과 생각의 두드림을 통해 찾아낸 행동 강령을 완벽하게 실행에 옮겼다. 이른바 인생을 바꾸는 세 번째 보석, 실행의 두드림을 멈추지 않았던 것이다. 성공한 사람들은 강력한 실행력을 앞세워 꿈을 희망에서 현실로 바꿨고 초라했던 운명을 남들이 부러워하는 운명으로 바꿔놓았다.

우리 속담에 "구슬이 서 말이라도 꿰어야 보배"라는 말이 있다. 아무리 뛰어난 재주와 재능이 있더라도 노력하지 않으면 아무것도 이뤄질 수 없다는 말이다. 이 실행의 두드림은 꿈을 실제로 이루는 가장 강력한 수단이다.

성공한 사람들은 꿈꾸고 생각하는 데서 머물지 않았다. 생각한 내용을 앞세워 실행하는 데 주저하지 않았다. 원하는 꿈을 이루기 위해 문을 두드리고 또 두드리고, 넘어져도 다시 일어나 두드리는 뚝심을 발휘했다. 아무리 힘들고 험한 길도 마다하지 않았다. 꿈을 이룰 수 없는 최악의 상황이 돼도 그 속에서 다시 일어서서 꿈을 두드렸다. 장애와 좌절을 오히려 딛고 일어섰고 용기와 끈기, 집념, 열정으로 뚜벅뚜벅 성공을 향해 걸어갔다.

Do Dream

실행의 두드림 따라 하기

✔ 실행만이 꿈을 이뤄준다고 믿어라.

✔ 성공한 사람들의 피나는 도전 정신을 배워라.

✔ 원하는 게 있으면 당장 실행하라.

✔ 갈망, 생각, 실행 중 '실행'에 가장 집중하라.

✔ 실행의 두드림이 인생을 바꾼다고 믿어라.

✔ 꿈이 열릴 때까지 실행의 두드림을 멈추지 말라.

✔ '두드리면 열린다'는 성공의 진리를 믿어라.

✔ 과감한 '결단'으로 실행의 기쁨을 즐겨라.

✔ 실행이 없으면 어떤 결과도 없음을 알아라.

✔ 실행의 두드림으로 성공의 문을 열어라.

✔ 하루하루 실행의 두드림에 최선을 다하라.

✔ 차고 넘치는 실행으로 자신감을 만들어라.

✔ 포기 없는 실행의 두드림으로 꿈을 완성시켜라.

✔ 당장 시작해서 '희망의 씨앗'을 뿌려라.

두드림의 정신

두드림의 소중한 결과물, 성취

사람들은 언제 행복감을 느낄까. 원하는 것을 갖게 됐을 때다. 원하는 자동차를 갖게 됐을 때, 바라던 명품 가방을 사게 됐을 때, 원하는 대학에 가게 됐을 때, 취업 관문을 뚫고 일자리를 얻게 됐을 때, 시험에 합격했을 때, 먹고 싶던 음식을 먹었을 때, 결과가 좋아 칭찬을 받게 됐을 때, 집을 사게 됐을 때, 승진했을 때….

한결같이 갈망했던 것을 내 것으로 만들었을 때 사람들은 기쁨과 행복을 느끼게 된다. 그런데 갈망하는 것은 저절로 이뤄지지 않는다. 반드시 노력이란 것이 있어야 한다. 좋은 결과를 위해 기다릴 줄 알고 힘든 과정을 견뎌낼 줄도 알아야 한다.

올림픽 금메달리스트가 되기 위해 고독하면서 고된 훈련을 이겨내야 하고, 원하는 대학이나 회사에 취업하기 위해 남다른 노력과 철저한 준비를 해야 한다. 누가 시키지 않더라도 고생 끝에 찾아올 달콤한 결과를 생각하며 온갖 유혹을 이겨내야 한다. 꿈을 생각하며 자신의 나태함을 일깨우고 부족한 부분을 두드리고 또 두드려 원하는 것을 이뤄내야 한다. 도전을 마다하지 않고 실행을 멈추지 않아야 한다. 그러한 두드림 뒤에야 소중한 결과물 '성취', 나아가 성공이 뒤따르게 된다.

두드림의 두 가지 정신

꿈을 이룬 수많은 챔피언들은 두 가지 '두드림 정신'을 실천했다.

첫 번째 두드림 정신은 '캔두 정신'이다.

MBN 기자들의 취재 결과 챔피언들은 자신이 설정한 목표 자체가 원대했다. 거의 불가능에 가까울 정도로 큰 꿈을 가지고 있었다. 단순히 대한민국의 1등이 아니라, 전 세계 1등의 꿈에 도전했다.

"세계 1등 골퍼가 될 거야."

"올림픽 금메달을 딸 거야."

"노벨상을 받을 거야."

"대통령이 될 거야."

"삼성과 같은 회사를 창업할 거야."

"대한민국의 빌 게이츠가 될거야."

성공한 사람들은 이 같은 원대한 꿈, 즉 갈망을 통해 생각의 두드림을 즐겼다. 어떻게 꿈을 이룰 것인지, 생각에 빠져 꿈에 다가가는 방법들을 고민했다. 그리고 꿈을 이루는 구체적인 방법을 찾아냈다.

어떤 사람은 책 속에서 길을 찾았고, 어떤 사람은 선생님에게, 친구에게, 아니면 다른 성공한 사람에게 길을 물었다. 어떤 사람은 영화 속에서, 어떤 사람은 텔레비전을 보면서 주인공의 성공 신화를 보며 벤치마킹을 생각해냈다. 어떤 사람은 신문을 보면서 신문 속 인물의 이야기를 읽고 자신의 길을 찾았다. 어떤 사람은 선생님과 교수님의 강의를 듣고, 어떤 사람은 유명한 사람의 강연을 듣고 인생의 길을 발견했다.

그런데 중요한 것은 목표를 세운 다음, 그 목표를 꼭 이뤄낼 것이라는 자신감, 즉 캔두 정신Can-do Spirit(나는 할 수 있다)이 그 누구보다 강했다는 점이다. 할 수 있다는 자신감으로 무장한 그들은 목표를 향해 돌진했다.

그것이 도전 정신Challenge Spirit이다.

두 번째 두드림 정신은 바로 이 '도전 정신'이다.

성공한 사람들은 불굴의 도전 정신을 갖고 있었다. 두드림의 뜻대로 꿈을 두드리고 또 두드렸다. 10번 두드려서 안 이뤄지면 20번, 아니 수백 번을 두드릴 용기를 갖고 있었다. 꿈을 이루도록 힘을 주는 두 번째 두드림 정신이 바로 도전 정신이기 때문이다.

필라멘트 전구를 발명한 토머스 에디슨Thomas Alva Edison은 말 그대로 도전 정신의 상징이다. 작은 전구 하나로 세상을 밝게 밝힐 수 있다는 강한 확신을 가졌다. 무려 2,399번이나 실패했지만, 에디슨은 도전을 멈추지 않았다. 만일 그가 마지막 한 번을 더 도전하지 않았더라면 전구를 발명하지 못했을 것이다. 에디슨은 말한다.

"나는 한 번도 실패한 적이 없다.

단지 2,000번의 단계를 거쳐

전구를 발명했을 뿐이다.

천재는 1%의 영감과

99%의 노력으로 이루어지는 것이다."

이처럼 성공한 사람들은 나는 할 수 있다는 첫 번째 두드림 정신인 캔두 정신과 두 번째 두드림 정신인 도전 정신으로 스스로를 무장시켰다. 그리고 이 두드림 정신으로 세상과 맞부딪쳤다. '승리할 수 있다', '성취할수 있다'는 캔두 정신으로 스스로에게 최면을 걸었다.

지금 우리에게는 현재의 '초라한 나'를 미래의 '성공한 나'로 바꿔줄 도전 정신이 절실하다. 무엇이든 할 수 있다는 자신감을 뜻하는 캔두 정신이 요구되고 있다.

4차 산업혁명의 파고가 거세게 불면서 세상이 급변하고 있다. 이처럼 급변하는 세상은 우리의 자신감을 떨어뜨릴 수 있다. 하지만 성공한 사람들은 환경의 변화를 오히려 기회로 활용하는 놀라운 저력을 발휘했다. 특히 시장과 환경의 변화를 적극적으로 활용하여 새로운 기회를 만들어냈다.

청년들의 멘토링 축제, MBN Y 포럼은 성공의 꿈을 이뤄내는 네 번째 자기계발서 《청년이여, 지금 시작하라》를 통해 누구나 꿈을 이룰 수 있는 방법들을 제언한다.

MBN 기자들은 그동안 네 권의 자기계발서 '두드림' 시리즈를 펴냈다. 첫 번째 자기계발서 《두드림》을 통해 성공한 사람들의 성공 비밀, 두드림을 공개했다. 두 번째 자기계발서 《불가능을 즐겨라》를 통해 쉬운 길보다는 거칠고 힘든 길, 남이 가는 길보다는 나만의 길을 걸어 성공의 꿈을 이룬 영웅들의 성공 스토리를 소개했다. 세 번째《챔피언의 비밀노트》에서는 세상을 바꾼 역사 속 챔피언들의 생동감 넘치는 성공 법칙을 제시했다. 이번 네 번째 자기계발서《청년이여, 지금 시작하라》는 근심 걱정을 버리고, 주저하기보다는 작은 것에서부터 시작해 변화의 주인공이 되라는 메시지를 전하고 있다.

Do Dream

두드림 따라 하기

✔ 내 꿈을 찾아내라.

✔ 내 꿈을 갈망하고 두드려라.

✔ 갈망의 두드림에 빠져라.

✔ 내 꿈을 이룰 생각의 두드림을 시작하라.

✔ 내 꿈에 다가갈 실행의 두드림을 시작하라.

✔ 꿈이 가져다줄 기쁨과 결과를 상상하라.

✔ 갈망, 생각, 실행이란 두드림의 끈을 놓지 말라.

✔ 날마다 '두드림Do Dream', 도전하고 멈추지 말라.

✔ 날마다 '드림두Dream Do', 꿈꾸고 실천하라.

✔ 꿈꾸고 도전하라, 끝없이 두드려라.

✔ 날마다 두드려 두드림의 신기한 기적을 경험하라.

✔ 할 수 있다는 캔 두 정신으로 최면을 걸어라.

✔ 도전 정신으로 무장하라.

✔ 챔피언의 성공 비밀을 따라 하라.

✔ 두드림 정신으로 불가능을 즐겨라.

✔ 두드림의 기적을 가족, 친구, 동료에게 전파하라.

PART
2

하쿠나 마타타,
지금 시작하라

두드림에서 시작하는
작은 출발

작은 발걸음, 위대한 결과를 만들다

"작은 발걸음, 위대한 도약Small Step, Giant Leap."

1969년 7월 인류 역사상 처음으로 달에 발을 내디딘 닐 암스트롱Neil Armstrong은 "한 인간에게는 작은 걸음이지만, 인류에게는 거대한 도약이다That's one small step for a man, one giant leap for mankind"라는 말로 당시 전 세계인에게 큰 울림을 줬다.

한 사람의 작은 도전은 이제 인류의 역사를 바꾸는 위대한 미래를 만들어내고 있다. 인류는 달 착륙 이후 50년이 지난 2018년 11월 '제2의 지구'로 불리는 화성의 내부를 사상 최초로 탐사할 인사이트 호를 착륙시켰고, 2022년 달 기지와 우주 호텔 건설을 준비하고 있다. 우주여행, 우주 택배, 우주 장례식, 우주 쓰레기 수거업체도 등장했다.

인사이트 호는 화성이 형성된 과정과 수십억 년에 걸친 변화 과정을 알아보고, 인류가 거주할 만한 곳인지를 조사하고 있다. 이를 통해 2030년 100만 명이 화성으로 이주해 사는 화성 시대가 열리게 된다. 벌써 레오나르도 디카프리오Leonardo Di Caprio, 저스틴 비버Justin Bieber 등 650여 명이 1인당 3억 원가량을 내고 우주여행을 예약해놓은 상태다.

작은 출발이 상상 속에 존재했던 일들을 가능하게 하고 있는 것이다. 인류의 역사를 바꾼 수많은 일은 대부분 작은 일로부터 시작됐다. 개인의 운명을 바꾸고 성공을 부른 일들도 아주 사소하지만 의미 있는 작은 시작에서 비롯됐다.

인류가 달에 가겠다는 첫 두드림은 옛 소련(러시아)이 1957년 10월 4일 세계 최초로 인공위성을 쏘아올린 게 계기가 됐다. 소련과 경쟁하던 미국 국민에게 소련의 세계 첫 인공위성 발사는 충격 그 자체였다. 소련이 장거리 미사일과 과학기술에서 미국을 앞서고 있다는 것을 증명해 보였기 때문이다.

자존심이 상한 미국은 소련을 앞서기 위한 두드림을 시작했다. 생각의 두드림 끝에 미국은 1958년 7월 NASA(미국 항공우주국)를 출범시켰다. 그리고 첫 실행의 두드림으로 사람을 태운 유인 우주비행 계획을 세웠다. 이어 당시 미국 케네디 대통령은 1961년 의회 연설을 통해 우주여행에 대한 꿈을 밝혔다.

"나는 이 나라에서 1960년대가 지나가기 전에

달에 인간을 착륙시킨 뒤

지구로 무사히 귀환시키는 목표를 달성할 것이다."

이 말 한마디는 우주 정복에 대한 미국인의 갈망의 두드림을 자극시켰다. 이로 인해 인간의 달 착륙에 도전하는 아폴로 프로젝트, 즉 실행의 두드림이 시작됐다. 그리고 그 두드림은 8년 만에 아폴로 11호의 인류 최초 달 착륙이라는 위대한 결과로 이어졌다.

여기에는 세 명의 두드림 정신이 숨어 있다. 선장 닐 암스트롱Neil Armstrong, 사령선 조종사 마이클 콜린스Michael Collins, 달 착륙선 조종사 버즈 올드린Buzz Aldrin이다. 이들은 우주선이 폭발하거나 돌아오지 못할 위험에도 불구하고, 어린 자식과 아내를 두고 죽음을 각오한 채 외롭게 우주선에 올라타는 용감한 도전 정신과 캔두 정신을 발휘했다. 그리고 그들은 인류의 역사를 바꾸는 역사적 인물이 됐다.

작은 모험, 신대륙을 발견하다

"낡은 지도만 따라가노라면 신대륙을 볼 수 없다."

신대륙을 발견한 크리스토퍼 콜럼버스Christopher Columbus의 이야기다. 스페인의 탐험가 콜럼버스는 망망대해 너머에 어떤 세상이 있는지, 대항해를 갈망했다.

콜럼버스의 갈망은 지도 한 장에서 시작됐다. 그는 동생인 바르톨로메오 콜럼버스Bartolomeu Columbus와 지도 제작일을 하고 있었는데, 당시 베스트셀러였던 《동방견문록》을 읽고 생각의 두드림에 빠졌다.

"기존의 관념과는 다르게 지구는 둥글 거야.
세상은 그다지 크지 않으며,
바다 서쪽 끝에는 낭떠러지가 아닌
무언가가 있을 거야."

이 같은 생각의 두드림은 콜럼버스를 실행의 두드림으로 이끌었다. 지구는 둥글 테니 서쪽으로 계속 항해를 하면 언젠가는 세계를 한 바퀴 돌아서 중국과 인도에 닿을 수 있으리라 믿었던 것이다.

이러한 믿음으로 콜럼버스는 지중해를 점거하고 있는 오스만제국을 거치지 않고 교역과 거래를 한다는 실행 계획을 세웠다. 인도와의 교역으로 각종 향신료를 수입할 수 있고 막대한 금과 보물을 얻을 수 있다고 믿었다. 스폰서를 구하기 위해 포르투갈, 영국, 이탈리아의 여러 도시국가의 지도자들에게 지원 요청을 했다.

하지만 대부분 터무니없는 계획이라며 거절했다. 유럽의 서쪽, 즉 세상의 끝으로 항해를 나가는 것인데, 당시 사람들은 바다의 끝은 낭떠러지로 되어 있어서 거기까지 간 사람들은 모두 떨어져 죽는다고 믿었기 때문이다. 이 도전은 대단히 무모한 짓으로 받아들여졌다.

그럼에도 콜럼버스는 실행을 멈추지 않았다. 뜻이 있는 곳에 길이 있는 법. 마침내 여왕 이사벨 1세Isabel 1의 후원을 받아 1492년 대항해를 시작했다. 여왕은 보석과 왕관까지 팔아 지원했다. 그렇게 항해는 시작됐고 1492년 10월 12일 새벽 2시경 현재의 바하마 제도에 있는 산살바도르 섬에 도착함으로써 콜럼버스는 미국, 아메리카 신대륙에 처음으로 발을 내딛는 최초의 유럽인이 됐다. 산타 마리아 등 세 척의 범선을 끌고 그가 스페인의 팔로스 항을 떠난 지 33일 만의 일이었다. 작은 갈망이 첫 아메리카 대륙 발견이라는 위대한 결과를 가져다준 것이다. 그리고 전 세계인의 역사로 기록됐다.

작은 생각, 세계일주를 완성하다

"지구는 둥글다.
그러면 항해 끝에 다시 제자리로 온다."

당시 39세의 포르투갈 항해사 페르디난드 마젤란Ferdinand Magellan이 꿈꿨던 갈망의 두드림은 '지구가 둥글다'는 사실을 항해를 통해 증명하고 부자를 만들어줄 '향신료의 땅'을 찾는 것이었다. 이 갈망은 그를 탐험으로 이끌었다. 서쪽 항로를 따라 몰루카 제도로 갈 계획을 세웠다. 그리고 1519년 8월 10일 빅토리아 호를 비롯해 5척의 배와 270명의 선원을 이끌고 에스파냐의 산루칼 항을 출발했다.

담대한 실행의 첫 출발이었다. 당시는 유럽인들이 새로운 대륙인 아메리카 대륙을 발견하고 지중해와 중동 지방을 거쳐 가던 무역로를 탐구하던 시절이었다. 하지만 마젤란은 대서양을 넘어 계속 서쪽으로 항해해

태평양으로 가는 원대한 꿈을 설계했다. 태평양에 대한 지식이 전혀 없던 시절에 태평양 횡단은 목숨을 건 모험이었다.

생각대로 마젤란은 대서양을 횡단해 남아메리카의 대서양 쪽 해안을 따라 남쪽으로 내려갔다. 제일 남단에 이르러 처음 들어가는 해협에서 폭풍우를 만나 죽을 고비를 넘긴 데 이어 잔잔한 바다를 만나 감격해하며 '태평양'이라고 이름 지었다. 그리고 그가 지나온 해협은 후에 마젤란 해협으로 명명되었다.

항해는 계속됐고 1521년 3월 괌에 도착한 데 이어 108일간의 항해 끝에 1521년 4월 마젤란 함대는 필리핀에 도착했다. 이것이 필리핀에 가톨릭을 전파하게 된 시초가 됐다. 이 일로 필리핀은 동남아시아에서 유일하게 로마 가톨릭이 국교인 나라가 되었다. 안타깝게도 마젤란은 원주민들에게 죽임을 당했고 그의 부하가 항해를 계속하여 이듬해 배 한 척만이 세비야에 귀환해 세계일주를 완성했다.

한 사람의 도전 정신과 할 수 있다는 캔두 정신, 즉 두드림 정신은 인류 역사상 최초로 지구가 둥글다는 사실을 실질적으로 입증하는 위대한 결과를 가져다줬다.

유니콘 창업자들, 작은 출발로 세상을 바꾸다

세계적인 기업 구글Google이나 애플Apple 등과 어깨를 나란히 하는 스타트업들이 최근 세상을 바꿔놓고 있다. 이른바 기업가치 1조 원이 넘는 유니콘 기업을 창업해 글로벌 기업들을 위협하고 있는 것이다. 유니콘 기업이란 기업가치가 10억 달러(1조 원) 이상인 비상장 스타트업 기업을 말한다. 원래 유니콘이란 뿔이 하나 달린 말처럼 생긴 전설상의 동물을 말하는데, 스타트업 기업이 상장하기도 전에 기업가치가 1조 원 이상이 되는 것은 마치 유니콘처럼 상상 속에서나 존재할 수 있다는 의미로 사용됐다.

현재 유니콘 기업에는 미국의 우버·에어비앤비·핀터레스트·깃허브·몽고DB·슬랙·에버노트, 중국의 샤오미·디디추싱·DJI, 한국의 빗썸·쿠팡 등이 있다.

그런데 이들 유니콘 기업을 만든 성공의 주역들은 다름 아닌 20~30대 젊은 청년들이다.

"우리는 공상가가 아닙니다.

그저 평범한 사람들이죠.

단지 우리는 '작은 공간으로 조금의 돈이라도 벌고 싶어 하는,

딱 우리 같은 사람이 있을 거야'라고 생각했을 뿐입니다."

"We're ordinary guys. There's got to be other ordinary people like us,

people with a little extra space that want to make some extra money.

There has to be."

– 에어비앤비 공동창업자, 브라이언 체스키

일자리가 없었던 28세의 청년 브라이언 체스키Brian Chesky는 친구와 함께 살던 집 방 한 칸을 여행객에게 빌려주고 돈을 벌어야겠다는 작은 생각을 했다. 당시 아파트 월세를 낼 돈이 없어 자신들이 쓰던 방 한 칸을 빌려주고 돈을 벌기 위해 생각해낸 궁여지책이었다.

'월세 낼 돈'을 갈망하던 두드림은 생각의 두드림을 작동시켰다.

"야, 우리가 방 두 칸인데

방 한 칸을 여행객에게 빌려주고 월세를 받자."

체스키는 집을 함께 쓰고 있는 친구 조 게비아Joe Gebbia에게 제안했다. 마침 그들이 살던 샌프란시스코에서 디자인 콘퍼런스가 개최됐는데 참

석자들이 호텔을 못 구해 발을 동동 구르고 있었다. 이들의 작은 생각은 대성공이었다. 이 작은 두드림은 이들을 생각의 두드림에 빠지게 했다.

"숙박공유 사업을 해보자."

체스키와 게비아는 이 생각의 두드림을 실행에 옮겼다. 2008년 8월 에어비앤비라는 회사를 창업한 것이다. 자신의 방이나 집, 별장 등 사람이 지낼 수 있는 모든 공간을 임대할 수 있도록 했다. 한마디로 대박이 났다. 전 세계 190개국 3억 명이 이용하는 세계 최대 숙박공유 기업으로 성장한 것이다.

백수를 탈출해 돈을 벌겠다는 갈망은 '방 한 칸 임대'라는 생각의 두드림을 낳았고, 이 생각은 창업이라는 실행의 두드림으로 이어져 세계적인 기업이라는 위대한 결과를 잉태시킨 것이다. 나아가 작은 두드림은 전 세계 호텔 숙박업계의 판도를 바꿔놓는 놀라운 결과를 가져다줬다. 창업 10년 만에 기업가치 43조 원의 유니콘 기업으로 성장하며 세계 굴지의 힐튼, 메리어트 등 100년 전통을 보유한 호텔 브랜드를 제치고 세계에서 가장 가치 있는 숙박업 기업이 된 것이다.

"청년이여,

마음먹은 게 있다면 지금 시작하라.

어떤 결과가 올지 아무도 모른다."

역사상 최고 부자들, 작은 출발로 큰 꿈을 이뤄내다

1800년대 영국에서 1차 산업혁명이 증기기관의 발명과 함께 일어났다. 당시 16세이던 미국의 코닐리어스 밴더빌트Cornelius Vanderbilt는 증기기관으로 열차가 움직이는 것을 보고 미국 전역을 철도로 연결하는 철도왕이 되겠다는 갈망의 두드림을 시작했다. 생각의 두드림에 빠진 밴더빌트는 일단 어머니에게 100달러를 빌려 작은 보트를 구입해 해운업을 시작했다. 증기로 움직이는 증기선을 만들어 소위 대박을 터뜨렸다. 밴더빌트는 더 큰 꿈에 도전했다. 꿈꿨던 철도 사업에 뛰어든 것이다. 철도 사업으로 그는 성공 신화를 만들었고 사람들은 그를 '철도왕'으로 불러줬다.

존 록펠러John D. Rockefeller는 어린 시절 지독하게 가난했다. 밥을 제대로 먹는 게 꿈이었다. 그는 부자가 되겠다는 갈망의 두드림을 갖게 됐다. 약관 20세에 청년 록펠러는 친구와 함께 가게를 시작했다. 여기서 모은 돈으로 24세에 정유 회사를 창업했다. 사업이 잘되자 더 큰 꿈을 키웠다.

32세에 엑슨모빌Exxon Mobil을 창업한 것이다. 이 회사는 현재 149년 역사를 자랑하는 나스닥 1등 기업으로 성장했다. '최고 부자'가 되겠다는 록펠러의 갈망은 정유 회사 창업으로 이어져 사람들은 지금까지 그를 '석유왕'이라고 부르고 있다. 현재 달러 가치로 환산한 인류 역사상 최고 부자들의 목록에서 록펠러는 여전히 1등을 기록하고 있다. 부자를 향한 록펠러의 두드림, 세상의 변화를 읽는 안목, 즉 적자생존의 성공 법칙이 그를 역대 최고의 석유왕이라는 챔피언으로 만들어줬다.

"성공하고 싶다면 이미 성공가도라고 알려진 닳은 길이 아닌

새로운 길을 개척하라.

난 항상 재앙을 기회로 바꾸기 위해 노력했다."

"If you want to succeed, you should strike out on new paths, rather

than travel the worn paths of accepted success. I always tried to turn

every disaster into an opportunity."

– 존 록펠러

앤드류 카네기Andrew Carnegie는 12세 때 아버지를 따라 미국으로 건너왔다. 아버지의 사업이 망하면서 자연스럽게 가난에서 벗어나 부자가 되

는 갈망의 두드림을 시작했다. 사업 밑천을 만들기 위해 방적공, 기관사 조수, 전보 배달원, 전신 기사 등 돈이 되는 일은 닥치는 대로 했다. 어떤 사업을 시작하는 게 좋을지 생각의 두드림에 빠진 카네기의 눈에 '철'이 들어왔다. 공장과 도로, 주택 건설을 위한 철의 시대가 미국에 열리기 시작했기 때문이다. 37세의 카네기는 톰슨제철공장the J. Edgar Thomson Steel Works을 설립해 부자가 되는 실행을 시작했다. 그리고 스스로를 '철강왕'의 자리에 올려놓았다.

> "너는 네가 생각하는 사람이다.
>
> 그러니 크게 생각하고, 크게 믿고, 크게 행동하고,
>
> 크게 일하고, 크게 주고, 크게 용서하고,
>
> 크게 웃고, 크게 사랑하고, 크게 살아라."
>
> "You are what you think. So just think big, believe big, act big, work big,
>
> give big, forgive big, laugh big, love big and live big."
>
> – 앤드류 카네기

미국 포드자동차의 창업자 헨리 포드Henry Ford는 마차에 엔진이 달리는 것을 보고 '자동차'를 만들 꿈을 두드렸다. 에디슨과 같은 발명왕이 되

겠다는 갈망의 두드림을 시작했다. 급기야 학업마저 중단하고 15세의 소년 헨리 포드는 에디슨 회사에 기계공으로 취업했다. 에디슨을 동경하며 36세까지 발명가의 꿈을 키웠다. 그러던 어느 날 길거리에 말은 없고 엔진이 달린 마차가 등장하는 것을 보고 누구나 자동차를 탈 수 있게 하겠다는 꿈을 갖게 됐다.

"말보다 빠른 것을 꼭 만들 것이다."

포드는 말보다 더 빨리 달리는 '말 없는 마차'를 개발하는 생각의 두드림에 빠졌다. 1903년 40세에 실행의 두드림으로 자동차 회사 포드를 창업했다. 1908년 세계 최초로 양산量産 자동차 T형 포드 제작을 시작하며 그는 '자동차왕'이 되었다.

"모든 것이 당신을 가로막고 있다는
생각이 든다면 기억하라.
비행기는 바람을 타고 나는 것이 아니다.
바람을 거스르며 날아간다."
"When everything seems to be going against you, remember that the

airplane takes off against the wind, not with it."

세계 최고 부자 빌 게이츠Bill Gates는 13세 때 컴퓨터를 처음 만났다. 집 채만 한 크기의 컴퓨터를 본 꼬마 게이츠는 복잡하고 어려운 계산 문제를 단 몇 초 만에 풀어내는 것을 보고 컴퓨터의 매력에 푹 빠졌다. 게이츠는 '컴퓨터 분야 최고 전문가'가 될 꿈을 두드렸다. 그는 당장 실행에 옮겼다. 프로그래밍을 공부하기 시작한 것이다. 고등학생 게이츠는 학교의 반 편성 프로그램, 회사의 급여 관리 프로그램, 교통량 데이터 분석 프로그램 등을 만들며 역량을 쌓았다.

자신의 확실한 미래를 발견한 게이츠는 19세 때 자신이 다니던 미국 최고의 대학 하버드대학교를 중퇴하는 대결단을 내렸다. 게이츠는 자신의 운명을 바꾼 이 결정을 "인생 최대의 변신이었다"고 회고한다.

꿈을 이루려면 잃는 것도 있어야 한다. 컴퓨터 전문가가 되겠다는 갈망은 게이츠를 프로그래머로 이끌었고 끝내 대학을 중퇴하고 창업을 선택하게 만들었다. 그리고 창고에서 시작된 회사는 1985년 첫 윈도우를 만들며 세계 1등 IT 회사라는 위대한 결과를 만들어냈다. 나아가 게이츠를 '컴퓨터왕'의 반열에 올려놓았다. 게이츠의 두드림은 성공 신화를 만들어냈고 스스로를 24년간 확고부동한 세계 1등 부자로 만들어줬다.

"안심한 채로 가만히 있지 말라."

"Don't let yourself be lulled into inaction."

– 빌 게이츠

스티브 잡스Steve Jobs는 태어나자마자 입양되어 양부모 밑에서 자라는 운명을 안게 됐다. 학교에서는 항상 문제아였고 독선적인 성격으로 외톨이로 자랐다. 대학에 입학했지만, 가정 형편이 어려운 양부모님을 생각해 1년 만에 중퇴했다. 그런 그에게 자신이 갈망하던 두드림이 있었다.

"컴퓨터로 세상을 바꾸는

혁신의 선구자가 될 거야."

이 같은 두드림은 그를 창업자의 길로 이끌었다. 하지만 당장 창업하지 않고 전자게임 회사 아타리Atari에 취업해 탄탄한 실무 역량을 키웠다. 그리고 21세의 나이에 1976년 스티븐 워즈니악Steve Wozniak과 애플을 공동 창업했다. 세계 최초로 개인용 컴퓨터를 개발했고 맥킨토시, 아이팟, 아이폰, 3D 애니메이션 〈토이 스토리〉 등 혁신적인 상품들을 만들어내며 컴퓨터왕에서 '혁신왕'으로 우뚝 섰다.

잡스는 두드림을 찾아 수없이 방황했지만, 한 번도 두드림을 멈춘 적이 없다. 갈망의 두드림으로 IT 신세상을 개척했고 생각의 두드림으로 컴퓨터에서 아이팟, 애니메이션에 이르기까지 수없는 실행의 두드림으로 꿈을 완성해냈다.

"자신이 세상을 바꿀 수 있다고 믿을 정도로

미친 사람들만이

정말로 세상을 바꾼다."

"The people who are crazy enough to think they can change the world

are the ones who do."

– 스티브 잡스

제프 베조스Jeff Bezos는 세계에서 가장 큰 인터넷 장터, 아마존Amazon을 만든 사람이다. 인터넷을 활용해 부자가 될 꿈을 꾸며 베조스는 생각의 두드림을 실행에 옮겼다. 컴퓨터과학과 전기공학을 공부하며 실력을 쌓았다. 대학을 졸업한 뒤에도 회사에 취업해 어떤 창업을 할 것인가 생각의 두드림에 빠져 있었다. 그러던 1994년 어느 날 30세가 된 청년 베조스의 눈에 한 잡지 기사가 들어왔다.

"인터넷 규모가 1년 새 200~300배 성장했다.
향후 더 빠른 속도로 성장할 것이다."

이 평범한 기사는 베조스의 운명을 바꿔놓았다. 그는 '인터넷에 어떤 제품을 팔면 성공할 수 있을까'라는 생각의 두드림에 빠졌다. 책과 사무용품, 의류, 음반과 같은 표준화된 제품은 쉽게 팔 수 있을 것이라는 판단이 섰다.

베조스는 이 생각을 아마존 창업으로 실행에 옮겼다. 어디에서 구매하든 품질이 동일하고 배송도 쉽다는 생각이 적중했다. 작은 생각은 위대한 결과로 이어졌다. 아마존은 책뿐만 아니라 음반, 영상, 전자제품, 장난감 등 온갖 제품을 판매하는 '온라인 만물상'으로 성장했고 베조스는 '인터넷 제왕'이 되었다. 인터넷이 가져다줄 세상의 변화를 읽어내 자신의 갈망의 두드림대로 꿈을 이뤄낸 것이다.

"당신의 세상이 변할 때,

그것과 마주해서 해야 할 일을 찾아라.

불평은 전략이 아니다."

"When the world changes around you, you have to lean into that and

figure out what to do because complaining isn't a strategy."

– 제프 베조스

마크 저커버그Mark E. Zuckerberg는 페이스북Facebook을 창업해 전 지구촌 15억 명을 연결하는 기적을 만든 'SNS 대왕'이다. 2013년에는 10억 달러에 인스타그램Instagram을 인수해 사진공유 혁명을 일으키는 주인공이 됐다. 그는 어떻게 큰 두드림으로 세상을 바꿨을까.

저커버그는 고등학교 때부터 시냅스 미디어 플레이어라는 소프트웨어를 만들며 IT 분야에 관심이 많던 학생이었다. 미국 하버드대학교에 입학한 19세 청년 저커버그는 2003년 엉뚱한 생각의 두드림에 빠졌다. 학교 기숙사에서 여학생의 사진을 올리고 외모를 평가하는 '페이스매시Facemash'라는 SNS 사이트를 만든 것이다. 아주 사소한 작은 아이디어의 실행이었지만, 폭발적인 반응을 일으켰다. 인기의 비결이 무엇인지 생각의 두드림에 빠진 끝에 저커버그는 사람들이 '관계 맺기'를 원한다는 평범한 사실을 알게 됐다.

세계 최고의 SNS를 만들겠다는 갈망이 시작됐다. 2004년 이 사이트를 '페이스북'으로 이름을 바꿔 갈망을 실행에 옮겼다. 단 4년 만에 회원 수가 1억 명을 기록했고, 2011년 회원 수는 8억 명을 돌파했다. 2012년 5월 뉴욕증권거래소에 상장을 했다. 당시 기업가치는 160억 달러(약 17조 원)로 미국 역사상 GM에 이어 3위를 기록했고, 저커버그는 28세에 세계에서 가장 젊은 CEO이자 470억 달러의 재산을 가진 자수성가한 부자 1위 챔피언이 됐다.

학교에서 만든 작은 사이트가 지금은 전 세계 22억 명이 이용하는 세계 최대 소셜 네트워크망이라는 위대한 결과를 낳았다. 페이스북의 사옥에는 다음과 같은 슬로건이 걸려 있다.

"완벽을 추구하는 것보다
실행해보는 것이 낫다."

"Done is better than perfect."

중국 최대 전자상거래 업체 알리바바Alibaba는 2018년 11월 중국 최대 쇼핑 행사 '광군제'에서 단 하루만에 34조 원(총 2,135억 위안)의 돈을 벌어들였다. 1년 만에 26.9%나 성장한 것이다. 이 같은 놀라운 일은 창업자 마원馬雲이 35세 때 꿈꿨던 갈망의 두드림과 변신이 탄생시킨 위대한 결과물이다. 통역 회사 CEO로 미국을 방문했던 어느 날 마윈은 미국에서 아마존이 쇼핑 역사를 바꾸고 있는 사실을 알고 갈망의 두드림에 빠졌다.

"아마존을 벤치마킹해서

중국에서 사업하면

아마존을 이길 수 있을 거야."

중국에 돌아온 마원은 생각의 두드림을 실행에 옮겼다. 1999년 통역 회사를 접고 알리바바를 창업했다. 마윈의 두드림은 16년 만에 알리바바를 세계 1등 전자상거래 기업으로 만들며 중국을 인터넷 상거래 종주국으로 만들어주는 위대한 결과를 만들어냈다. 역시 작은 생각, 작은 도전이 큰 결과를 만들어낸 것이다.

일론 머스크Elon Musk는 남아프리카공화국에서 태어나 고등학교까지 졸업한 후 캐나다를 거쳐 미국에 정착한 사람으로 전기자동차 회사 테슬라Tesla의 창업자로 유명하다. 어린 시절 하루 10시간씩 책을 읽는 지독한 책벌레로 공상과학에 대한 생각의 두드림에 빠져 살았다. 모형 로켓을 만들기도 한 그는 12세엔 컴퓨터 게임을 직접 만들어 팔았다.

그에게는 혁신적인 기업의 창업자가 되겠다는 갈망의 두드림이 있었다. 갈망은 실행으로 이어져 24세에 첫 창업에 도전했다. 인터넷을 통해 지역 정보를 제공하는 집투ZIP2라는 회사를 설립했다. 창업 4년 만인 1999년 회사를 컴팩Compag에 2,200만 달러에 팔고 더 큰 꿈을 두드렸다. 이번엔 온라인 금융회사 엑스닷컴X.COM을 창업했다. 이 회사는 금융결제서비스 회사 페이팔PayPal로 발전해 이베이eBay에 15억 달러에 팔렸다. 이 일로 막대한 부자가 된 머스크는 소위 돈방석 위에 올랐다.

이번엔 인류의 역사를 바꿀 꿈에 도전했다. 2002년 6월 세 번째로 민간 우주 벤처회사 스페이스XSpaceX를 창업했다. 동시에 그는 2003년에는 전기차 회사 테슬라를 창업했다.

한 개의 회사를 창업하기도 힘들고 성공 신화를 만들기도 힘든 세상에서 그는 창업하는 회사마다 성공 신화를 만들며 세상을 놀라게 하고 있다. 바로 머스크 스스로가 도전 정신과 캔두 정신의 두드림 정신으로 무장돼 있기 때문이다.

현재 그는 미국 뉴욕과 워싱턴DC를 29분 만에 갈 수 있도록 구현하는 교통 시스템 하이퍼루프Hyperloop를 구현하겠다는 꿈을 두드리고 있다. 한 사람의 작은 도전은 인류의 역사까지 진화시킬 수 있다.

"대학생 때 세상을 바꾸는 것을 하고 싶었다.

지금 나는 그것을 하고 있다."

"When I was in college, I wanted to be involved in things that would

change the world. Now I am."

하쿠나 마타타,
지금 시작하라

주저하면 아무것도 할 수 없다

청년이여, 여러분은 지금 무엇을 꿈꾸고 있고, 무엇을 주저하고 있나? 혹시 실패할 것을 두려워하고 있지는 않나? 실패를 두려워해서 아무것도 하지 않는다면 아무런 결과를 얻어낼 수 없다.

"하쿠나 마타타, '다 잘될 거야, 문제없어!'"

성공한 많은 사람은 이 생각으로 마음속에 간직한 그 무엇인가의 두드림을 시작했다. 작은 두드림이 끝나면 좀 더 큰 목표를 설정해 그다음 단계의 두드림을 두드리는 방식으로 원대한 꿈을 달성해냈다. 인류의 역사를 바꾼 수많은 영웅들조차 이 같은 긍정적인 생각으로 '꿈꾸고 도전하는' 두드림을 실천했다.

특히 나는 할 수 있다는 캔두 정신, 즉 긍정의 마인드로 자신을 무장시켜 '하쿠나 마타타'로 성공할 수 있다는 마법을 불어넣었다. 하쿠나 마타타Hakuna Matata는 케냐·탄자니아·우간다 지역에서 통용되는, 실제 존재하는 스와힐리어로 언어적 의미는 '문제없어'라는 뜻이지만 '걱정 마, 다 잘될 거야'라는 긍정의 메시지로 사용되고 있다. 청년 실업, 경제 불황 등으로 지쳐 있는 청년들에게 주는 희망의 메시지라고 할 수 있다.

1994년 출시된 디즈니의 대표 애니메이션인 〈라이온 킹〉에서는 티몬과 품바가 심바를 위로하며 부르는 노래를 통해 알려졌다. 골치 아픈 지난 일들을 잊고 현재에만 충실해야 한다는 교훈을 가르쳐주고 격려하며 한 말이다.

"청년이여, 지금 시작하라Start Now!"
"작은 것부터 시작해 변화의 주인공이 되라Small Step, Giant Leap!"

어린 시절 꿈, 그것을 두드려라

세계 1등 드론 회사 DJI가 어떻게 탄생하게 됐는지 아는가? 여기에는 왕타오王滔라는 26세 청년의 기업가 정신이 숨어 있다. 왕타오는 초등학생 시절 부모님이 사준 헬리콥터에 푹 빠졌다. 그런데 한 번 추락하면 쉽게 망가지는 것이 몹시 속상했다. 값도 비싼 데다 조립하기조차 매우 어려웠기 때문이다. 어린 소년 왕타오는 자동 제어가 가능한 헬기 개발을 꿈꾸게 됐다.

"헬리콥터는 어떤 원리로 날아갈까.
내 마음대로 조종할 수 있는 헬리콥터는 못 만들까."

생각의 두드림에 빠진 왕타오는 어른이 되면 비행기를 만드는 사람이 되겠다는 꿈을 두드렸다. 그리고 대학생이 되어 그 두드림에 도전했다. 원격조종이 가능한 '드론'이라는 신개념 비행기를 만드는 실행의 두드림에 나선 것이다.

청년이 된 26세 왕타오는 '무인비행기 개발'이라는 갈망을 실행에 옮기기 위해 삼촌의 회사 창고를 빌려 직원 10명과 창업을 했다. 하지만 드론 개발은 실패의 연속이었다. 창업 자본금 0원, 그것도 아이디어 수준이라며 조롱을 당하기까지 했다. 이럴 때마다 왕타오는 더 강하게 자신을 두드리며 직원들을 독려했다.

"우리는 어쩔 수 없이 실패를 되풀이할지 모르지만,

작은 아이디어는

우리를 성공으로 이끄는

놀라운 결과를 가져다줄 것이다."

사무실 책상 옆에 간이침대를 두고 매주 80시간씩 먹고 자고 일하며 드론을 개발하는 실행에 매달렸다. 창고 회사에 불과했던 이 회사는 10년 만에 직원 8,000명을 거느린 세계 1등 드론 회사로 성장했다. 드론을 만들겠다는 한 소년의 갈망은 그를 로봇과 전기공학을 공부하는 생각의 두드림으로 이끌었고, 이 두드림은 세계 1위 드론 회사 DJI의 창업이라는 실행의 두드림을 만들어냈다.

그 결과 창업자 왕타오를 세계 최초의 '드론 억만장자'로 만들어줬고 DJI가 전 세계 시장점유율 70%를 장악하게 해줬다. 어린 시절 작은 꿈, 창고에서 시작된 작은 창업이 세계적인 회사를 만들어준 것이다.

미래는 지금 시작하는 사람의 것이다

"청년이여,

지금 무엇이든지 시작하라!"

여러분은 어떤 미래를 꿈꾸고 있는가? 혹시 작은 발걸음을 내딛는 것조차 두려워하고 있지는 않은가? 현실의 벽에 부딪혀 지금 당장 무엇을 시작하는 것조차 엄두를 내지 못하고 있는가?

"하쿠나 마타타, 지금 시작하라!"

이 말을 되풀이하며 자신 있게 그 무엇이든 작은 일부터 시작해보라. 중국어 공부를 하려거든 책이나 학원부터 알아보고, 입사를 준비한다면 입사시험에서 무엇을 요구하는지부터 두드려봐야 한다. 아르바이트를 한다면 어떤 아르바이트가 있는지, 공무원이 되려면 어떤 방법이 있는지, 가장 먼저 갈망과 생각의 두드림부터 작동시켜야 한다. 그다음에는 무조건 실행하는 것이다.

성공한 사람들은 한순간에 성공한 것이 아니라 수많은 작은 도전과 실패를 되풀이하며 큰 도전을 통해 성공이라는 목적지에 도착했다. 작은 시작이 위대한 결과를 만들어주는 단순한 진리를 믿고 '걱정 마, 다 잘될 거야', 즉 하쿠나 마타타의 주문을 외우며 무언가를 시작해야 한다.

지금 이 순간 작지만 하고 싶은, 의미 있는, 다소 무모한 그 어떤 것이 있는지 당장 글로 써보라. 그리고 당장 그것을 시작하라. "시작은 미약했으나 그 결과는 창대하리라"라는 말을 마음속 깊이 간직하라.

"하쿠나 마타타, 지금 시작하라 Hakuna Matata, Start Now!"는 경구는 아무리 작은 시작이라도 지금 이 순간 발걸음을 내딛는 사람이 세상을 바꿀 수 있다는 것을 의미한다. 나도 새로운 주인공이 될 수 있다는 자신감으로 하쿠나 마타타를 외치며 지금 시작하라.

젊은 영웅들의
두드림

청년들, 역사를 바꾸는 주인공이 되다

요즘 '청년반란'이라는 말이 화두가 되고 있다.

청년반란Youthquake이란 키워드는 2017년 옥스퍼드 사전이 선정한 올해의 단어다. 유스쿼이크Youthquake란 젊음Youth과 지진Earthquake의 합성어로 청년들이 문화·정치·사회적 변화를 이끌어내는 주역이 되고 있다는 의미를 담고 있다.

지금 현재 지구촌의 역사를 새로 쓰고 있는 지도자들 역시 다름 아닌 20~30대의 젊은 청년들이다.

"기존 정치에 맞서 민주혁명을 일으키겠다."

– 에마뉘엘 마크롱

2016년 11월, 당시 37세의 정치 신인 에마뉘엘 마크롱Emmanuel Macron은 이 말 한마디로 기존 정치에 도전장을 내밀었다. '민주혁명'을 일으키겠다는 갈망의 두드림을 프랑스 국민에게 선포한 것이다.

당시 프랑스는 양대 정당인 공화당과 사회당이 권력을 장악하고 있어 마크롱의 도전은 무모함 그 자체였다. 하지만 그는 '정치혁명'을 일으키기 위한 생각의 두드림에 빠진 끝에 대통령선거에 출마를 선언하는 실행을 두드렸다.

놀랍게도 1년 뒤 치러진 프랑스 대통령선거에서 마크롱은 덕망 높은 기성 정치인들을 물리치고 역사상 가장 젊은 38세의 최연소 대통령이 되었다. 정치혁명이라는 갈망은 대선 출마를 결심하는 생각을 이끌어냈고 도전이라는 실행을 통해 그는 대통령이 된 것이다.

당시 누구나 마크롱이 대통령이 되는 것은 불가능한 일이라고 생각했지만 마크롱은 '걱정 마, 잘될 거야!'라는 믿음으로 정치혁명을 일으켰던 것이다.

청년 정치인들, 세상을 바꾸고 있다

"두렵지 않나요?"

"전혀요.
저는 제가 맡은 책임에 대해
잘 알고 있습니다."

"Not in the least. I am aware of the responsibility I am taking on."

– 제바스티안 쿠르츠

현재 오스트리아 총리 제바스티안 쿠르츠Sebastian Kurz는 1986년생으로 우리 나이 서른네 살의 청년이다. 그가 어떻게 젊은 나이에 한 국가를 이끄는 총리가 될 수 있었을까? '좋은 정치로 좋은 세상을 만들겠다'는 소박한 정치 신념을 갈망했기 때문이다. 이 같은 갈망을 실행에 옮기기 위해 선거 출마의 방식을 생각해냈고, 어린 시절인 10대 때 과감히 정치인의 삶에 도전장을 냈다.

하지만 쿠르츠의 출발은 미약했다. 국회의원을 두드린 게 아니라 시의원이라는 작은 꿈에 도전했다. 그 결과 24세에 오스트리아 빈 시의회 의

원이 될 수 있었다. 작은 도전은 그의 준비된 역량을 선보일 기회를 제공했고, 그는 27세에 최연소 외무장관에 오르는 영광을 갖게 됐다. 28세에는 30세가 안 된 사람으로 역사상 첫 유엔UN 총회 연설을 하는 영광을 안기도 했다.

쿠르츠는 시의원으로 출발했지만, 31세에 큰 두드림으로 세상을 놀라게 했다. 오스트리아 총선에서 1위를 차지하며 31세의 나이로 '세계 최연소 국가 지도자'라는 영예를 안게 된 것이다. 어린 시절부터 시작된 정치인이 되겠다는 꿈은 시의원이라는 작은 두드림으로 시작됐지만, 한 국가의 정상이 되는 위대한 결과를 가져다줬다.

30대에 대통령에 당선된 마크롱 대통령을 비롯해 지금 전 세계는 30대 젊은 정치인이 세상을 바꾸고 있다.

사우디아라비아의 실세로 꼽히는 모하메드 빈 살만 왕자는 32세로 젊다. 그는 원유 의존도가 높은 경제구조를 탈바꿈하는 두드림으로 국가 개혁의 선봉에 서고 있다.

알렉시스 치프라스Alexis Tsipras 그리스 총리 역시 2015년 40세에 총리직에 올라 그리스 역사상 150년 만의 최연소 총리로 기록됐다. 쥐스탱 트뤼도Justin Trudeau 캐나다 총리도 2015년 43세에 취임해 대표적인 젊은 정치 지도자로 거론된다.

또한 브렉시트(영국의 유럽연합 탈퇴) 국민투표 결과에 책임을 지고 물러난 데이비드 캐머런David Cameron 전 영국 총리는 2010년 취임 당시 43세였고, 존 F. 케네디John F. Kennedy 전 미국 대통령도 같은 나이에 취임해 우주 강국의 밑그림을 그렸다.

뉴질랜드 재신다 아던Jacinda Ardern 총리는 37세에, 오스트리아 쿠르츠Kurz 총리는 31세에, 아일랜드 리오 버라드커Leo Varadkar 총리는 각각 39세에 총리가 됐다. 2016년 블라디미르 그로이스만Bradimir Groisman(39) 우크라이나 총리, 위리 라타스Jüri Ratas(39) 에스토니아 총리도 모두 30대에 유럽 국가수반 자리에 올랐다.

희망찬 미래를 여는 일은 단지 어른들의 몫이 아니다. 창의적인 생각과 도전 정신, 열정으로 누구든지 새로운 미래를 열 수 있다.

"청년이여,

여러분의 운명을 바꾸고

대한민국의 미래 역사를

새로 쓰는 주역으로 동참하라."

대한민국 청년들, 전 세계를 놀라게 하다

'빌보드 뮤직 어워드' 2년 연속 수상, 빌보드 메인 앨범 차트 '빌보드 200' 2연속 1위 진입, 유엔 연설….

지금 전 세계 음악 역사를 새로 쓰는 아티스트가 있다. 바로 한국 그룹 최초로 2017년 미국 3대 음악 시상식 중 하나인 '아메리칸 뮤직 어워드' 무대에 오른 대한민국의 음악 영웅 방탄소년단이다. 이들 7명의 평균 나이는 불과 24.7세에 불과하다. 이들은 그들이 가장 좋아하는 음악을 사랑했고, 그 꿈을 펼치기 위해 가수가 되는 길을 선택했다. 이 선택은 개인을 스타로 만들어주는 차원을 넘어 대한민국을 빛내고 한국 사람들의 자존심을 드높이는 가슴 벅찬 역사를 만들어내고 있다. 가수라는 작은 출발이 대한민국이라는 한 국가를 전 세계에 알리는 창대한 결과를 가져다주고 있는 것이다.

다섯 살 꼬마 김연아는 피겨 선수의 꿈을 안고 스케이트를 신었다. 김연아는 TV를 보며 피겨여왕을 꿈꿨고, 그 꿈을 향한 작은 시작은 그녀를 20세에 세계 1등 피겨여왕의 반열에 올려놓았다. 김연아는 피겨 선진국 러시아나 미국도 해내지 못한 신기록을 세우며 피겨 역사를 새로 썼다. 어린 김연아의 몸짓에 대한민국 국민은 큰 행복을 만끽했다. 한 스포츠 스타의 작은 두드림이 대한민국에 큰 선물을 줬던 것이다.

여섯 살 꼬마 조성진은 피아노 앞에 앉아 제2의 쇼팽을 꿈꿨다. 친구들을 따라 피아노학원을 가게 된 것이 인생을 바꾼 계기가 됐다. 자신의 재능을 발견한 조성진은 피아니스트가 되겠다는 갈망을 실행하기 위해 10세 때부터 본격적으로 피아노에 매달렸다.

예술의 전당 아카데미에 입학해 본격적으로 공부하며 2005년 11세 때부터 각종 콩쿠르를 휩쓴 데 이어 15세 때 모스크바 국제 청소년 쇼팽 피아노 콩쿠르에서 1등를 하며 주목을 받았다. 2009년, 16세에는 최연소 및 아시아인 최초로 일본에서 열린 하마마쓰 국제 피아노 콩쿠르 1위에 입상하면서 만 15세에 병역 혜택까지 받게 됐다. 갈망의 두드림은 더 커져 조성진은 2015년 피아노 천재들만 도전하는 폴란드 쇼팽 국제 피아노 콩쿠르에 도전장을 냈다. 만 21세의 나이로 한국인으로서는 최초, 아시아인으로서는 세 번째로 우승하며 음악인들을 놀라게 했다. 나아가 120년 역사의 정통 클래식 레이블사 도이치 그라모폰Deutsche Grammophon 레이블과 음반 계약을 체결하는 영광까지 안게 됐다. 그의 수상은 수많은 대한민국 사람들을 클래식 마니아로 바꿔놓았다. 6세 때 시작된 한 꼬마의 작은 두드림은 위대한 결과를 낳으며 많은 사람을 감동시키고 있는 것이다.

세계 4대 테니스 메이저 대회로 꼽히는 호주오픈 테니스 대회에서 뛰어난 기량을 뽐낸 정현은 4강 진출에 성공해 한국을 넘어 아시아 테니스의 새 역사를 썼다.

"청년이여,

나도 성공의 주인공이 될 수 있다고 믿어라.

도전 정신과 캔두 정신으로

지금 시작하라."

역사를 바꾼 영웅들의 두드림 따라 하기

✔ '다 잘될 거야, 문제없어', 하쿠나 마타타를 외쳐라.

✔ 하쿠나 마타타, 지금 시작하라.

✔ 마음먹은 게 있다면 지금 시작하라.

✔ 나는 할 수 있다는 캔두 정신으로 무장하라.

✔ 한 번 두드려 안 되더라도 도전 정신으로 다시 부딪쳐라.

✔ 두드림 정신으로 스스로를 무장하라.

✔ 영웅들이 실천했던 갈망, 생각, 실행의 두드림을 따라 하라.

✔ 닐 암스트롱, 작은 발걸음으로 위대한 도약을 이끌다.

✔ 콜럼버스, 새로운 항해가 첫 신대륙을 발견하다.

✔ 마젤란, 작은 탐험 정신으로 세계를 최초로 일주하다.

✔ 체스키, 방 한 칸 임대 생각이 세계적인 기업을 만들다.

✔ 록펠러, 석유 회사를 만들어 나스닥 1등 기업으로 만들다.

✔ 헨리 포드, 자동차를 대중화시켜 자동차왕이 되다.

✔ 왕타오, 무인비행기 개발의 꿈이 세계 1등 회사를 만들다.

✔ 마크롱, 37세에 프랑스 정치혁명을 이끌다.

✔ 방탄소년단, 24.7세에 세계 음악 역사를 새로 쓰다.

✔ 조성진, 피아노로 아시아인의 위상을 드높이다.

PART
3

두드림의 기적들

세상과 인생을 바꾼
두드림의 기적들

MBN 기자들이 지난 5년간 크고 작은 성공을 거둔 사람들의 특징을 분석한 결과, 원하는 것을 이뤄낸 사람들은 모두 그들만의 성공 비밀이 있었다.

누구나 원하는 목표를 이루겠다는 갈망의 두드림이 있었고, 그 갈망을 어떻게 이룰 것인가를 숱하게 고민하는 생각의 두드림이 있었다. 마지막으로 가장 중요한 실행이 있었다. 실행의 두드림은 불가능을 가능으로 바꿔놓았고, 상상을 현실로 바꿔놓았다.

결국 원하는 것을 꿈꾸고 끝까지 꿈을 두드린 사람은 누구나 크든 작든 원하는 것을 쟁취해냈다. 이것이 바로 두드림의 기적이다. 그런데 이 두드림의 기적을 만들어내는 데 있어 가장 중요했던 것은 성공한 사람들은 누구보다 강력한 두드림 정신을 갖고 있었다는 점이다. '나도 할 수 있다'는 캔두 정신과 '한번 해보지, 그까짓 것'이라는 강한 도전 정신으로 똘똘 뭉쳐져 있다.

이 같은 두드림 정신은 꿈을 향한 '생각의 끈', 화두를 놓지 않도록 도전 정신을 북돋아줬다. 고난과 역경이 있더라도 꿈을 향한 도전을 쉽게 중단하지 않았다. 안 된다고 포기하지도 않았다.

성공한 사람들은 '두드려라! 그러면 열릴 것이다'라는 믿음 하나로 삶을 끊임없이 두드렸다. 자신의 나태함을 두드려 부지런한 사람으로 바꿨고 가난을 두드려 부자로 변했다. 공부 못하는 나를 두드려 공부를 잘하는 사람이 됐다. 공부가 아닌 다른 끼를 찾아내 인생을 바꿨다. 운동을 통해, 음악을 통해 금메달을 따고 스타가 되거나 산을 정복해 도전 정신의 상징이 되기도 했다. 누구나 '안 된다'고 하는 것을 두드려 기적을 만들어냈다.

두드림을 통해 인생을 바꾸고 세상을 바꾼 '두드림의 기적들'을 소개한다.

신기한 마법의 힘을 가진 두드림

두드림은 참 신기한 힘을 가졌다. 두드림의 힘을 믿으면 믿는 대로 됐다. 비단 성공한 사람들만의 이야기가 아니다.

암에 걸렸던 한 환자는 '이까짓 것, 암을 내가 이겨낼 거야'라고 마음먹고 암을 극복하는 방법들을 따라 실천하자 암이 사라졌다. 손정의 소프트뱅크 회장은 1983년 20대의 젊은 나이에 만성간염으로 5년 시한부 판정을 받았다. 그러나 그는 절망하지 않고 병을 이겨내겠다는 강한 의지를 다졌고, 투병 중에도 4,000여 권의 책을 읽으며 회사를 이끌 기업관을 연구했다. 결국 그는 시한부 인생을 딛고 3년 뒤 다시 회사로 복귀할 수 있었다. 이는 역경에도 굴하지 않는 용기와 긍정적인 사고가 있었기에 가능한 일이었다.

텔레비전에 나온 가수를 보고 매일 아침 노래를 시작했더니 어느 날 가수가 되어 있었고, 춤꾼을 꿈꿨더니 진짜 백댄서가 되어 있었다. 공부를 못한다고 놀림을 받던 한 친구는 군대를 다녀온 뒤 공부를 다시 시작해 일류대학에 진학해 운명을 바꾸었다. 학창 시절 공부를 일찌감치 접고 장사를 해서 돈을 벌겠다고 떠벌리던 친구는 실제 몇 년이 지나 벤츠를 몰고 다니는 부자 장사꾼이 되었다.

실제 있었던 일이다. 한 고등학교에서 졸업한 지 30년이 된 졸업생들을 대상으로 '홈커밍 데이'가 열렸다. 그런데 정작 행사장에 벤츠와 BMW 등 고급차를 몰고 나타난 졸업생들, 그날 밥값과 거액의 기부금을 내고 간 동문들은 학창 시절 전교권 석차에도 없었던 학생들이었지만 남다른 두드림이 있었던 친구들이었다. 반면 공부를 잘해 공무원이나 의사, 대기업 직원이 된 친구들은 아예 회사일에 묶여 행사장에 오지도 못하거나, 오더라도 가장 늦게 나타났다.

남들이 가지 않았던 자신만의 길을 간 사람들은 누구나 부러워하는 두드림을 완성해냈다. 옷가게를 창업하고 반듯한 카페와 식당을 운영하고 삶의 여유를 누리며 자신만의 신세계를 창조해낸다. 꿈꾸고 도전하면 누구나 두드림의 기적을 자신의 것으로 만들 수 있다.

실패를 이기도록 하는 두드림

'애니메이션 제국'을 만든 월트 디즈니Walt Disney의 두드림은 쉽게 이뤄지지 못했다. 만화가의 꿈을 이루기 위해 여러 직장에 지원서를 냈지만, 취업도 되지 않았고 재능이 없다는 이유로 번번이 해고당했다. 제대로 된 정규교육도 받지 않았기 때문에 세상은 좀처럼 디즈니의 역량을 인정해주지 않았다.

22세 청년 디즈니는 아예 월트 디즈니 컴퍼니를 창업했다. 꿈과 열정을 앞세운 두드림 정신만으로 사업을 시작한 것이다. 시작은 미약했다. 저축한 돈을 찾아 카메라 한 대를 빌려 삼촌의 차고에 스튜디오를 차린 게 전부였다.

어린이들에게 꿈을 심어주는 동심의 세계 디즈니랜드와 디즈니월드를 세계적인 수준으로 만드는 꿈을 꿨지만, 실패의 연속이었다. 첫 작품 〈앨리스의 모험〉을 만들어 선보였으나, 300번 넘게 거절당했다. 이어서 다섯 번의 파산, 오랜 실직, 끼니를 거를 정도의 가난이 그를 괴롭혔다. 천신만고 끝에 자신의 창작 캐릭터인 미키 마우스를 탄생시켰지만, 관객 반응은 신통치 않았고 배급사도 고개를 저었다.

하지만 디즈니는 만화 왕국을 만들겠다는 두드림 정신으로 버텨냈다.

"꿈꾸고,

믿고,

도전하고, 실행하라!"

이 같은 믿음으로 디즈니는 22세 때 삼촌 로버트에게 500달러를 빌려 최초로 만화영화를 만들었다. 이렇게 해서 탄생하기 시작한 〈미키 마우스〉, 〈도널드 덕〉, 〈곰돌이 푸〉, 〈인어공주〉, 〈라이온 킹〉, 〈겨울왕국〉 등은 공전의 히트작을 만들며 디즈니를 세계적인 '애니메이션 제왕'으로 만들어주었다.

두드림은 실패를 딛고 일어나도록 하는 큰 원동력이다. 디즈니는 말한다.

"꿈을 이루고자 하는

용기만 있다면

모든 꿈을 이룰 수 있다."

청년이여, 현실에 안주하지 말라. 꿈을 찾아라. 아무리 어려운 난관이 앞에 기다릴지라도 꿈이 이루어진다고 믿어라. 꿈을 이루기 위해 무엇을 해야 하는지 생각하라. 하기 힘든 일이라면 더욱 큰 용기를 내라. 그러면 무엇이든지 이뤄낼 수 있다.

인생의 운명을 바꾸는 두드림

일본 자동차 회사 혼다의 창업자 혼다 소이치로는 철공소의 아들로 태어났다. 어머니 역시 공장 직공으로 혼다는 부모님의 보살핌을 받을 여유가 없었다. 그는 하루 종일 쇠를 치는 해머와 각종 기계 소리를 들으며 자랐다.

그러던 어느 날 시골 마을에 나타난 미국의 포드자동차를 보며 혼다는 '획, 달려가는 저건 뭐지'라며 '나도 저런 자동차를 만들고 싶다'는 갈망의 두드림을 시작했다.

생각의 두드림에 빠져 철공소에 있는 고물 자전거를 분해하고 변형시키기를 반복하던 중 일생을 바꿀 일이 생겼다. 15세가 된 소년 혼다의 눈에 '도쿄의 한 자동차 정비소에서 직원을 뽑는다'는 모집공고가 들어온 것이다. 그날 혼다는 짐을 싸서 무작정 도쿄로 올라갔다. 7년이 지난 뒤 정비소 사장은 "더 이상 가르칠 게 없다"며 독립을 권유했다.

그 순간 혼다의 머릿속에 다시 어린 시절 '자동차를 만들겠다'고 꿈꿨던 두드림이 떠올랐다. 그렇게 해서 1928년 청년이 된 혼다 나이 22세에 혼다자동차의 역사가 시작됐다.

출발은 역시 미약했다. 자동차 정비소로 출발해 자동차 부품 생산공장으로 발전하며 도요타자동차에 납품하는 회사가 됐다.

"꿈, 기술, 도전

이 세 가지만 있으면

누구든지 성공할 수 있다."

이어 혼다는 일본 내 오토바이 최강자가 된 뒤 갈망의 두드림이었던 자동차 생산에 뛰어들었다.

결국 혼다는 어린 시절 마을에 나타난 자동차 한 대를 보고 자동차 회사 창업을 꿈꿨고 두드림대로 일본 굴지의 자동차 회사를 만들어냈다. 이 같은 도전은 철공소 아들을 세계적인 자동차 회사의 창업자로 바꿔놓았다. 그리고 아버지와는 전혀 다른 삶을 살게 해줬다.

좌절을 용기로 바꿔주는 두드림

우리가 좋아하는 치킨 체인점 KFC의 창립자는 미국인 할랜드 데이비드 샌더스Harland David Sanders다. 그는 맥도날드가 대박을 터뜨리는 것을 보고 1952년 62세에 치킨집 창업을 두드렸다.

"나만의 특별한 레시피를 개발해

세계 시장을 개척해야지."

샌더스의 꿈은 전 세계 시장 개척에 있었다.

하지만 미국 육군 대령으로 제대한 샌더스가 꿈꾸던 '오리지널 치킨'의 조리법 개발은 쉬운 일이 아니었다. 메뉴 개발의 핵심은 '미국 남부식 닭고기 튀김'이었다. 군인 출신의 요리 전문가도 아닌 데다 늦은 나이의 창업은 좌절의 연속이었다.

그는 미국 전역을 떠돌며 자신의 조리법을 팔고 다녔다. 하지만 무려 1,008번에 걸쳐 거절을 당했다. 그럼에도 두드림을 멈추지 않았다. 포기하지 않고 자신의 조리법을 알아봐 줄 사람을 찾아다녔다. 마침내 미국 유타 주 솔트레이크시티에서 피트 하먼Pete Harman이라는 사업가 딱 한 사람이 조리법을 구매하기로 결정했다. 치킨 이름도 '켄터키 프라이드 치킨KFC'으로 바뀌었다.

KFC 치킨집 앞에선 창업자 샌더스의 이미지를 형상화한 모델이 동그란 안경과 염소 수염, 그리고 흰색 양복을 입고 서 있다. 만약 1,000번째쯤에서 두드림을 멈췄다면 이 같은 일이 가능했겠는가.

처음부터 한 번에 잘되는 것은 쉽지 않다. 생각대로 일이 된다면 누구나 성공할 것이다. 두드림이 가져다줄 환상적인 미래를 꿈꾸며 좌절을 용기로 바꿔야 한다. 실패를 성공으로 전환시켜야 한다. 한 번의 실패에 낙담하지 말고 두드리고 또 두드려야 한다.

걸림돌을 극복시키는 두드림

리처드 브랜슨Richard Branson 버진 그룹 회장은 괴짜 CEO로 영국 최고 부자이기도 하다. 그런데 브랜슨은 난독증으로 글을 잘 읽을 줄 모른다. 그럼에도 그가 재벌 회장이 되는 데 난독증은 아무런 걸림돌이 되지 않았다. 기자가 되고 하늘의 지배자가 되겠다는 원대한 두드림이 강렬했기 때문이다.

두드림을 실행에 옮기기 위해 소년 브랜슨은 15세에 첫 사업을 시작했다. 심한 난독증으로 글을 읽는 데 어려움을 겪으면서도 기자가 되고 싶었던 그는 잡지사 〈스튜던트〉를 아예 창간했다.

남다른 실행의 두드림으로 돈도 벌었다. 2년간 수백 통의 전화를 돌리고 또 수백 통의 편지를 쓴 결과 광고 수입으로 2,500파운드(현재 약 7,000만 원 가치)를 벌어들였다.

사업에 흥미를 느낀 브랜슨은 더 큰 꿈을 키웠다. 부모를 설득해 아예 고등학교를 그만두고 전업 사업가가 된 것이다.

하지만 제대로 된 유통망을 확보하지 못한 탓에 사업은 쉽지 않았다. 잡지사를 접고 음반 판매회사 버진 그룹의 모태가 된 버진 레코드를 창업했다.

사업이 잘 안 되면 더 잘되는 사업을 찾아 생각의 두드림을 멈추지 않았다. 우편 판매와 음반 가게를 시작으로 무명 음악가였던 마이크 올드필드Mike Oldfield와 계약해 데뷔작 〈튜불라 벨스〉 등을 제작해 히트시키면서 버진 레코드는 영국을 대표하는 음반사로 성장했다.

음반 사업으로 성공한 브랜슨은 더 큰 꿈을 두드려 항공사 버진 애틀랜틱을 창업했다. 직원들은 '무모하다'며 모두 반대했다. 하지만 고객이 원하는 최상의 서비스를 제공하면 성공할 수 있다는 캔두 정신이 누구보다 강렬했다.

"혁신이란

최초나 최대가 아니라 최선이다.

고객이 원하는 것을 찾아 최선을 다하면

성공할 수 있다."

이 같은 두드림 정신으로 그는 성공 신화를 만들어냈다. 글을 읽지 못하는 난독증이라는 단점을 결함으로 생각하지 않았던 브랜슨의 두드림은 그를 글로벌 CEO의 반열에 올려놓았다. 두드림은 단점을 극복하고 성공에 다가가도록 하는 원동력이 된다.

브랜슨은 2004년 버진 갤럭틱이라는 회사를 창업해 세계 최초의 민간 우주여행 시대를 준비하고 있다.

역경을 이기도록 힘을 주는 두드림

고전음악의 최대 완성자인 루트비히 판 베토벤Ludwig van Beethoven은 '제 2의 모차르트'를 꿈꿨다. 하지만 26세에 귀가 멀더니 30세가 되자 완전히 청각장애인이 됐다. 그럼에도 원대한 두드림은 그를 '악성'의 반열에 올려놓았다. 청각장애를 갖고 작곡한 〈영웅〉(3번), 〈운명〉(5번), 〈전원〉(6번), 특히 완전한 청각장애인으로 탄생시킨 9번 교향곡 〈합창〉은 인류 최고의 예술작품이라는 평가를 받는다.

헬렌 켈러Helen Keller는 태어난 지 19개월 만에 병에 걸려 사각장애, 언어장애, 청각장애의 3중 장애인이 됐다. 이러한 최악의 상황에서도 켈러는 '작가'의 꿈을 두드렸다. 이 원대한 두드림은 그녀의 운명을 장애우에서 작가, 강연가, 배우, 사회사업가로 바꿔놓았다.

죄수번호 46664. 넬슨 만델라Nelson Mandela는 종신형을 선고받고 27년 6개월간 감옥생활을 한 죄수였다. 하지만 그에게는 흑인 차별의 철폐를 이끄는 인권 운동가가 되겠다는 갈망의 두드림이 있었다. 이 원대한 두드림은 실현되었고 76세에 남아프리카공화국 최초의 흑인 대통령이 됐다. 350여 년에 걸친 인종분규도 끝낼 수 있었다.

두드림은 역경도 이겨낼 수 있는 강력한 마력을 갖고 있다.

축구 스타 박지성은 선천적으로 일류 축구 선수가 될 수 없는 평발을 갖고 태어났다. 그럼에도 그는 세계 최고 축구 선수가 되는 꿈을 두드렸다. 그 결과 평발은 그에게 아무런 장애가 되지 않았다. 피나는 노력 끝에 박지성은 잉글랜드 맨체스터 유나이티드 100년 역사상 첫 한국인 축구 선수가 됐다.

이처럼 두드림은 어떤 역경도 장애가 되지 않도록 해준다. 역경을 이기고 꿈을 이룰 수 있는 강력한 파워를 제공한다.

작은 동기로 위대한 결과를 만드는 두드림

넷플릭스Netflix는 세계 최대의 글로벌 온라인 동영상 서비스 기업이다. 전 세계에서 1억 5,000만 명이 가입해 서비스를 이용한다. 이 회사는 어떻게 태어난 것일까. 단돈 40달러 때문에 탄생했다.

창업자 리드 해스팅스Reed Hastings는 1997년 당시 세계 1위 비디오 대여 체인 기업이던 블록버스터Blockbuster에서 빌린 영화 〈아폴로 13〉의 반납이 늦어져 연체 수수료 40달러를 내게 됐다. 비싼 연체료를 낸 해스팅스는 '연체료가 없는 비디오 대여 사업을 해야겠다'는 두드림을 갈망하게 됐다. 연체료 때문에 사업을 구상했고 그 사업은 실행에 옮겨진 것이다. 해스팅스가 시장을 조사해봤더니 연체료에 대한 고객 불만이 가장 컸다.

"창업자는 역발상이 필요해.
성공을 확신하면 반드시 성공할 수 있어."

해스팅스는 연체료가 없는 회원제로 비즈니스를 선보였다. PC로 DVD 대여를 신청하고 우편을 이용해 수거하는 방식을 도입했다. 예정일보다 빨리 반납하면 더 많은 DVD를 빌려줬다. 2007년 스마트폰 시대가 시작되자 온라인 스트리밍 서비스를 시작했다.

세상의 변화에 올라탐으로써 시장의 선도자가 되기로 한 것이다. 온라인 스트리밍 방식을 통한 동영상 서비스는 폭발적인 인기를 끌면서 순식간에 1위 업체인 블록버스터를 능가하는 회사가 됐다.

작은 동기에서 시작된 사업 아이디어가 큰 두드림을 만들었고, 이 두드림은 세계적인 콘텐츠 기업을 탄생시켰다.

꿈을 더 강하게 만드는 두드림

두드림을 갖고 있는 사람은 그 두드림 때문에 두드림이 더욱 강렬해진다. 생각의 두드림이 제공하는 생각의 끈이 꼬리에 꼬리를 물며 더 큰 두드림을 만들어낸다. 갈망의 두드림, 생각의 두드림, 실행의 두드림이 삶을 지배하게 된다.

세계적인 천문학자 칼 세이건Carl Sagan은 어린 시절 별Star에 매료된 소년이었다. 과학을 좋아한 어린이 세이건은 8~9세때부터 근처 도서관에 살며 별에 관한 책을 모두 섭렵했다. 자연스럽게 그는 천문학자의 꿈을 두드렸다.

"책에는 참으로 장대한

세상에 관한 이야기들로 가득 차 있다.

나는 책을 읽으며 천문학자를 꿈꿨다."

소년은 천문학자의 꿈에 다가가기 위해 고등학생이 되어서도 과학소설계의 거물 아서 찰스 클라크Arthur Charles Clarke의 《성간 비행Interplanetary Flight》을 비롯해 아서 에딩턴, 제임스 진스, J. B. S. 홀데인, 줄리언 헉슬리, 조지 가모브, 윌리 레이, 레이첼 카슨, 사이먼 뉴컴 등의 저서들을 탐독했다.

더 큰 꿈을 찾아 17세에 여키스 천문대를 소유하고 있는 시카고대학교에 입학했다. 천체의 신비에 대해 공부할수록 과학의 대중화에 대한 두드림이 더욱 강렬해졌다. 1980년 텔레비전 다큐멘터리 시리즈 〈코스모스Cosmos: A Personal Voyage〉의 제작자이자 공저자로 참여해 60여 개국 5억여 명이 시청하는 히트작을 만들어 에미상과 피버디상을 받았다. 《코스모스》는 책으로도 나와 휴고상을 수상했다. 여기에서 멈추지 않고 1997년 개봉된 영화의 원작이 된 소설 《콘택트Contact》도 썼다.

강렬한 두드림으로 600편 이상의 과학 논문과 대중 기사를 작성했고, 작가·공저자·편집자 등의 자격으로 20권 이상의 책의 집필에 참여했다.

두드림은 연쇄효과가 발생한다. 꼬리에 꼬리를 물며 더 큰 세계로, 더 큰 도전으로 더 원대한 두드림을 잉태시킨다.

믿는 대로 꿈을 실현시키는 두드림

여러분은 꿈이 내 것이 될 수 있다고, 실현된다고 얼마나 믿는가?

꿈은 꼭 이뤄진다고 믿지 않으면 이뤄지지 않는다. 내가 내 꿈을 의심하는데, 그것이 어떻게 이뤄질 수 있겠는가. 꿈을 꾸는 사람은 그 꿈이 반드시 이뤄진다고 믿어야 한다. 최초로 발명을 해낸 사람들은 한결같이 자신이 해낼 수 있고 꿈꾸는 것이 실현될 것이라는 강한 확신을 갖고 있었다.

생각해보라. 하늘을 나는 비행기가 수백 명을 싣고 하늘을 날 수 있다고 믿지 않았다면 어떻게 비행기를 만들 수 있었겠는가. 비행기를 만든 라이트 형제는 프로펠러 비행기를 만들어 언덕 위에서 비행기를 날리며 다리가 부러지고 허리가 다쳤지만, 비행기가 하늘을 날 것이라는 두드림을 멈추지 않았다.

그림만으로 사람과 사물의 모습을 표현하던 시절, 카메라와 필름을 발명한 조지 이스트먼George Eastman은 기계로 '찰칵'만 하면 사람의 모습을 그대로 형상화할 수 있다고 믿었다. 그리고 실패를 거듭한 끝에 사람 이미지를 찍어 똑같이 복사해낼 수 있는 카메라를 발명했다. 두드림은 믿는 대로 꿈을 실현해준다.

전화기를 최초로 발명한 알렉산더 그레이엄 벨Alexander Graham Bell은 사람의 목소리를 수천 킬로미터가 떨어진 곳에 전달할 수 있는 방법은 없을까를 고민했다. 그는 사람과 사람 사이를 선으로 연결하면 목소리를 전달할 수 있을 것으로 믿고 그 꿈을 실현하는 두드림에 매달렸다. 그리고 전화기를 발명해 인류의 역사를 획기적으로 진화시켰다.

전구가 없어 촛불과 석유 전등을 사용하던 시절, 발명왕 토머스 에디슨은 진공관 속에 필라멘트를 넣어 전기의 힘으로 밤을 밝게 밝힐 수 있다고 믿었다. 그는 수천 번 실험에 실패했지만, 필라멘트 전구를 발명할 수 있다는 두드림을 포기하지 않았다. 그리고 그 믿음은 필라멘트 전구를 탄생시키며 밤에도 일할 수 있게 되면서 생산성 혁명을 일으켰다.

두드림은 믿는 대로 꿈을 실현시켜준다. 멈추지 말고 두드려라. 꿈은 믿는 만큼만 이루어진다. 내가 이 세상의 '주인공'이라고 생각하라. 그러면 당신은 주인공이 된다. 내가 엑스트라라고 생각하면 그냥 엑스트라에 머문다.

미국의 자동차왕 헨리 포드는 조언한다.

"자신이 하는 일은

불가능한 일이든, 가능한 일이든

당신이 옳다고 믿고 하라."

생각한 대로 소원을 들어주는 두드림

하고 싶은 일이 있으면 무조건 그 일을 두드려라. 두드림은 생각한 대로 소원을 들어주는 신비한 마법을 발휘한다.

세 살 꼬마아이 앨리사 카슨Alyssa Carson은 〈꾸러기 상상여행〉이라는 어린이 TV 프로그램을 보고 우주비행사가 되어 화성에 가는 꿈을 꾸었다. 그런데 그 꿈이 현실이 되고 있다. 7세 때 NASA의 우주체험 캠프에 가게 됐고 2015년 14세 때 NASA에 발탁되어 2033년 최초의 화성인이 되기 위한 특별훈련을 받고 있다. 꿈을 꾸고 두드리면 신기하게 현실이 된다.

뇌가 섹시한 남자로 알려진 타일러 라쉬Tyler Rasch는 대학생 시절 도서관에서 '북한'을 입력해보고 한국에 가는 꿈을 두드렸다. 그랬더니 신기하게 한국 어학당에서 공부할 기회가 생겼고 한국 정부 장학생으로 뽑혀 한국에 유학까지 오게 됐다.

심찬양은 그래피티 작가다. 초등학교 2학년 때부터 만화를 그리며 '만화가의 꿈'을 두드렸다. 그러던 어느 날 고3 때 그래피티가 운명처럼 다가왔다. 그날로 그래피티에 뛰어들었다. 그래피티의 본고장인 미국으로 가서 자신의 그래피티를 선보였다. 그날로 유명한 그래피티 작가가 됐다.

미국 NASA에서 화성탐사 프로젝트 '마스Mars(화성) 2020' 프로젝트 팀장은 한국인 제인오 박사다. 어린 시절 흑백TV로 아폴로 11호가 달에 착륙하는 모습을 보고 NASA에서 일하고 싶은 두드림이 생겼다. 그랬더니 신기하게도 NASA에서 일할 기회가 주어졌다.

한국을 대표하는 천재 로봇 과학자 데니스 홍Dennis Hong UCLA 교수는 7세 때 영화 〈스타워즈〉를 보고 '로봇 과학자'의 꿈을 두드렸다. 그랬더니 신기하게 로봇 대가가 되는 길이 열렸다.

두드림은 참으로 신기한 힘을 가졌다. 꿈을 꾸고 두드리면 신기하게 이뤄지게 된다. 두드림하라.

두드림의 기적 만들기

✔ 결과를 먼저 생각하라, 그러면 이루어진다.

✔ 된다고 믿어라, 그러면 진짜 이루어진다.

✔ 방법을 고민하라, 그러면 해법이 등장한다.

✔ 원하는 것을 갈구하라, 그러면 얻게 된다.

✔ 하고 싶은 일을 해보라, 그러면 결과가 생긴다.

✔ 잘될 것이라고 말하라, 그러면 잘된다.

✔ 불가능이 없다고 믿어라, 그러면 기적이 일어난다.

✔ 상상하라, 그러면 현실이 된다.

✔ 웃고 기뻐하라, 그러면 기분이 좋아진다.

✔ 기도하라, 그러면 기도가 이뤄진다.

✔ 배려하라, 그러면 더 큰 기쁨이 찾아온다.

✔ 남을 사랑하라, 그러면 나도 사랑받게 된다.

✔ 남을 용서하라, 그러면 나도 용서받게 된다.

✔ 이웃을 도와라, 그러면 내게 더 큰 도움이 온다.

✔ 행복하다고 생각하라, 그러면 행복해진다.

✔ 좋은 것을 두드려라, 그러면 좋은 게 온다.

운명을 바꾸는
두드림의 기적들

우리는 흔히 사람마다 타고난 운명이 있을지도 모른다고 생각한다. 잘 안 되면 팔자를 탓하고, 심지어 조상을 탓하기도 한다. 잘 안 풀리면 부모를 탓하는 사람도 있고 친구나 주변 사람 탓을 하는 사람도 있다.

하지만 이 책을 읽는 사람은 오늘부터 남 탓을 하지 말자. 운명이 정해져 있다고 믿지 말자. 두드림만 갖고 있으면 운명을 바꿀 수 있다. 모든 일은 자신에게서 비롯된다. 좋은 꿈을 두드리면 좋은 꿈이 이뤄지고 큰 꿈을 두드리면 큰 꿈이 이뤄진다.

MBN 기자들이 지난 5년간 성공한 사람들의 성공 비밀을 분석한 결과 한결같이 두드림의 기적을 갖고 있었다. 도전 정신과 할 수 있다는 캔두 정신, 즉 두드림 정신으로 똘똘 뭉쳐 있었다. 특히 자신의 환경을 탓하지 않았다. 아무리 열악한 환경이라도 자신의 운명을 바꿀 기회로 바꿔내는 놀라운 적응 능력을 보였다.

그리고 두드림의 성공 신화를 작동시켰다. 꿈꾸고 도전하는 일을 멈추지 않았다. 실패를 해도 꿈을 두드렸고 좌절이 오더라도 자신을 두드려 다시 일으켜 세웠다. 꿈을 향해 갈망의 두드림을 시작했고, 갈망에 다가가는 방법을 찾아 생각의 두드림을 멈추지 않았다. 철저한 실행의 두드림으로 갈망을 현실로 바꿔놓았다. 스스로의 운명을 바꿨다.

무명가수 비틀즈, 세계적 밴드로 운명을 바꾸다

전설적인 밴드로 평가받는 비틀즈는 데뷔 초기 세계적인 기타 밴드를 꿈꿨다. 1962년 데카Decca 음반사에서 오디션을 봤다. 결과는 탈락이었다. 데카의 딕 로우Dick Rowe는 비틀즈 매니저 브라이언 엡스타인Brian Epstein 에게 조언까지 했다.

"기타 그룹은 한물갔다.
성공하지 못할 것이다."

음반사의 이 말은 비틀즈에게 보약이 됐다. 죽기 살기로 하면 잘될 것이라는 열정으로 똘똘 뭉쳤다. 하지만 레코드사들은 그들의 노래를 쉽게 받아주지 않았다. 연이어 오디션에 떨어졌다. 무명 시기는 4~5년간 이어져 말 그대로 밑바닥 생활이 이어졌다.

"손이 아프도록 기타를 쳤고,
목이 터져라 노래했죠."

기타리스트 존 레논John Lennon은 답답한 상황에서 유일한 해법은 가혹한 자기단련 훈련밖에 없었다고 회고했다. 먹고살기 위해 독일 함부르크 클럽에서 하루에 2펜스를 받고 8시간을 연주해야 했다. 숙소를 잡지 못했을 때는 무대 뒤 깡패와 창녀가 우글거리는 허름한 곳에서 잠을 잤다. 너무 힘들어서 집에 오면 차라리 매니저 브라이언 앱스타인이 칼을 들고 죽을 때까지 찔러주기를 바랄 정도였다.

하지만 두드림은 이들의 운명을 바꿔놓았다. 고된 노래 연습을 통해 당시 서구권에서 유행하는 음악을 모조리 섭렵했다. 모르는 게 없었다. 탄탄한 실력으로 무장돼 있었다. 1964년 2월 7일 영국의 더벅머리 네 남자는 미국을 공략했다. 미국 상륙과 더불어 발표한 곡 〈I Want to Hold

Your Hand〉는 전미 차트 7주간 정상을 차지하며 세계의 음악 역사를 송두리째 바꿔놓았다.

무명가수가 두드렸던 두드림은 한순간에 네 남자를 세계적인 스타로 운명을 바꿔주었다.

무명화가 고흐, 세계적 화가로 운명을 바꾸다

우리가 잘 아는 인상파 화가 빈센트 반 고흐Vincent van Gogh는 현재 세계적인 화가로 알려져 있다. 네덜란드 출신으로 프랑스에서 활동했다. 하지만 그가 살아 있을 때는 아무도 그의 그림에 관심을 보이지 않았다. 생계 유지를 위해 그림을 그려 근근히 먹고살 정도였다. 말 그대로 무명화가였다.

고흐에게는 세계적인 화가가 되겠다는 두드림이 있었다. 그런데 남이 알아주는 화가가 되는 것은 쉬운 일이 아니었다. 먹고살기가 막막해 서점 점원과 미술품 판매원으로 전전했다. 화가의 꿈을 두드리던 고흐는 20대 후반이 돼서야 전업 화가의 길에 들어섰다.

이후 37세의 나이로 자살하기까지 10년간 약 900점의 작품을 쏟아냈다. 그럼에도 그의 작품을 알아주는 사람은 없었고 팔린 작품은 딱 하나에 불과했다. 그렇지만 고흐는 클로드 모네Claude Monet나 폴 고갱Paul Gauguin

과 같은 화가가 될 꿈을 포기하지 않고 작품에 예술성을 불어넣었다.

안타깝게도 함께 작품 활동을 하며 지내던 친구 고갱이 그와 크게 다툰 후 고흐 곁을 떠났다. 고흐는 정신병이 발작해 자신의 귓불을 자르고 얼마 안 가 스스로 권총으로 목숨까지 끊었다. 고흐의 작품 가치가 인정받은 것은 그의 사후였다. 작품 한 점당 몇백, 몇천만 달러를 호가할 정도로 명작이 됐다. 〈해바라기〉, 〈아를르의 침실〉, 〈의사 가셰의 초상〉은 전설적인 걸작으로 평가받는다.

부富도 우정도 누리지 못한 불운했던 예술가였지만, 예술의 심오함에 빠졌던 순수한 두드림은 사후 그를 역사상 최고의 화가로 만들어줬다.

무명감독 스필버그, 거장 감독으로 운명을 바꾸다

스티븐 스필버그Steven Spielberg는 〈죠스〉, 〈E.T.〉, 〈쥬라기 공원〉 등 수많은 대작을 남긴 가장 성공한 영화 감독 중 한 명이다. 하지만 영화감독 거장의 자리에 올라서기까지는 숱한 좌절과 역경의 연속이었다. 이러한 난관을 극복하도록 해준 원동력은 다름 아닌 두드림이었다.

스필버그의 영화감독을 향한 두드림은 초등학생 시절부터 시작됐다. 유난히 상상력이 풍부하고 호기심이 많았지만, 책을 읽지 못하는 난독증 때문에 친구들 사이에서 왕따를 당했다. 게다가 공부도 못해 지진아 학급에 편성됐다. 급기야 고등학교 2학년 때는 학교까지 그만두고 말았다. 이 같은 스필버그를 바로잡아 준 것은 영화감독의 꿈이었다.

남들이 책을 보거나 운동을 할 때 8mm 카메라의 앵글을 통해 세상을 바라봤다. 13세 때는 첫 단편영화 〈The Last Gun〉을 찍었고, 16세 때는 첫 번째 SF 영화 〈불빛Firelight〉을 제작했다. 그럼에도 대학에 입학할 때 또 좌절해야 했다. 미국 USC의 연극영화과에서 그의 입학을 거절했기 때문이다.

"영화를 통해,

상상력을 통해

나는 무엇이든 할 수 있다.

이것이 나의 행복이다."

스필버그의 꿈을 향한 실행의 두드림은 끝이 없었다. 아예 유니버설 스튜디오의 빈 사무실에 자신의 이름을 내걸고 마치 직원인 것처럼 일했다. 유니버설 스튜디오와 정식 감독 계약을 맺어 첫 텔레비전 시리즈물인 〈나이트 갤러리〉를 내놓았지만, 가혹한 혹평만 쏟아졌다. 그러나 그는 포기하지 않고 다시 꿈을 두드렸다. 영화 〈E.T.〉를 만들어 어린이의 호기심을 자극했다. 그리고 〈쉰들러 리스트〉, 〈쥬라기 공원〉으로 천재성을 입증하며 흥행 돌풍을 일으켰다.

두드림은 어느새 그를 영화계의 거장으로 만들어놓았다.

시각장애인 스티비 원더, 가수의 전설로 운명을 바꾸다

음악계의 전설이 된 스티비 원더Stevie Wonder는 1950년 미숙아로 태어나 망막이 손상되어 시력을 상실한 흑인 가수다. 만일 누군가 시력을 빼앗는 대신 다른 재능을 준다고 가정한다면 여러분은 그 재능을 택하겠는가. 그렇지 않을 것이다. 스티비는 안타깝게도 세상을 볼 수 없는 눈을 갖고 태어났다. 사람들은 주전자 손잡이나 만들면서 살아갈 운명을 갖고 태어났다고 했다.

다른 아이들이 주변의 사물을 눈으로 인지하며 성장할 때 스티비는 이를 경험할 기회조차 갖지 못했다. 이 때문에 소리를 들으며 가수가 되겠다는 원대한 두드림을 시작했다. 다행스럽게 뛰어난 청각과 음악적 재능을 키워낼 수 있었다. 놀라운 집중력으로 소리를 듣고 보이지 않는 악보를 머릿속으로 상상해냈다. 소리를 듣고 노래를 완성해냈다. 피나는 노력 끝에 재능을 인정받아 스티비는 12세에 가수로 데뷔했다.

그리고 세상을 놀라게 했다. 1963년 13세의 나이에 빌보드 차트 1위에 올랐다. 이후 9개의 빌보드 차트 1위 곡을 발표하며 총 1억 장이 넘는 음반 판매고를 올렸다. 수많은 명곡을 남기며 스스로의 운명을 시각장애인에서 음악계의 전설로 바꿔놓았다.

그 힘은 두드림에서 나왔다. 두드림으로 장애를 덮을 수 있는 뛰어난 능력을 스스로 배양해냈다.

"우리는 저마다 능력을 갖고 있다.

유일한 차이는,

어떤 사람은 그 능력을 사용하고

어떤 사람은 그 능력을 사용하지 않는다는 것이다."

봉제공 샤넬, 명품 CEO로 운명을 바꾸다

세계적인 명품 브랜드 샤넬의 창업자 가브리엘 샤넬Gabrielle Chanel은 프랑스의 가난한 집에서 태어났다. 그것도 어린 시절 부모님으로부터 버림받았다. 지낼 곳이 없어 수녀원에서 생활했다. 이곳에서 샤넬은 7년간 바느질을 배우며 옷을 만드는 사람이 되겠다는 꿈을 키웠다. 이 두드림으로 샤넬은 수녀원에서 나와 봉제 회사에 취업을 했다. 독립하기 위해 밤에는 카페에서 가수로 일했다. '코코CoCo'라는 애칭도 얻게 됐다.

돈이 모이자 후원자인 아서 에드워드 카펠Arthur Edward Capel의 도움으로 파리의 패션 거리에 샤넬 모드Chanel Modes라는 모자가게를 열수 있었다. 세계적인 명품 회사가 된 샤넬의 시작은 이처럼 미약했다. 다행히 샤넬이 디자인한 모자가 상류층 여성들로부터 인기를 얻자 3년 뒤 부티크Boutique로 가게를 확장했다. 부티크의 간판에는 '가브리엘 샤넬GABRIELLE CHANEL'이라는 자신의 이름을 대문자로 달았다.

제1차 세계대전이 일어나면서 실용성과 단순한 디자인을 앞세운 샤넬의 여성옷들이 인기를 끌면서 그는 파리 패션의 중심지로 회사를 옮겼다. 엉덩이 부분 옆선에 주름을 넣어 만든 샤넬 라인 원피스를 비롯해 큰 호주머니를 단 짧은 소매 재킷, 길고 따뜻한 머플러 등이 1920년대 자유로운 복장을 원했던 여성들에게 큰 인기를 끌면서 패션 제품으로 자리를 잡게 됐다.

이어 샤넬 향수 사업을 시작했다. 사업이 번창하자 자신의 이름인 영문 샤넬CHANEL을 단순한 글자체로 로고를 직접 디자인했다. 그리고 두드림으로 세계적인 기업을 만들었다.

"나는 내 삶을 창조했다.

이전의 삶이 싫었기 때문에…."

샤넬이 세계적인 기업을 만들어낸 것은 자신의 운명을 바꾸겠다는 강렬한 두드림이 있었기 때문이다.

대학 포기한 허영만, 만화계 거두로 운명을 바꾸다

만화가 허영만은 어린 시절 불우한 시간을 보냈다. 아버지가 친구와 동업으로 차린 멸치 어장 사업이 파산했기 때문이다. 가세가 기울어 대학에 갈 수조차 없었다. 허영만은 대학에서 미술을 전공해 서양화가가 되겠다는 꿈을 스스로 포기했다. 그리고 돈을 많이 벌 수 있는 방법을 두드렸다.

재능을 살리면서 돈을 벌 수 있는 방법을 찾던 중 만화가의 길을 두드렸다. 여수고등학교를 졸업하자마자 노잣돈 단 3만 원을 들고 고향을 떠났다. 여수에서 서울까지 비둘기호 야간열차로 9시간 걸려 이불 한 채를 메고 서울역에 내렸다. 바로 만화가 박평일의 문하생으로 들어갔다.

실력을 쌓은 허영만은 1974년 〈한국일보〉 신인만화 공모전에 응모했다. 〈집을 찾아서〉가 당선되며 만화가로 데뷔할 수 있었다. 〈각시탈〉, 〈무당거미〉, 〈날아라 슈퍼보드〉, 〈비트〉, 〈타짜〉, 〈식객〉 등 수많은 히트작을 쏟아내며 한국인이 가장 좋아하는 만화가로 자신의 운명을 바꿨다.

지금까지 낸 작품은 215종. 만화 원화만 15만 장을 넘는다. 30여 개의 작품은 영화나 드라마, 게임 등의 콘텐츠로 재탄생했다. 작품을 소재로 한 식당가(식객촌)까지 생겼다.

재일교포 손정의, 일본 1등 부자로 운명을 바꾸다

일본 최대 IT 회사인 소프트뱅크 창업자 손정의는 재일교포 3세다. 일본의 빌 게이츠, 일본 최대 재벌로 불린다.

그는 1957년 일본 규슈의 무허가 판자촌에서 태어났다. 할아버지는 한국에서 끌려온 탄광 노동자였다. 생활이 어려워 돼지를 키우고 아버지는 생선 장사를 해야 했다. 게다가 '조센징'이라며 친구들이 놀리기 일쑤였다. 한번은 일본 친구가 던진 돌에 맞아 큰 상처를 입기도 했다.

손정의는 이런 생활이 싫었다. 동네에 맥도날드가 생긴 것을 보고 사장을 직접 찾아가 어떻게 하면 나중에 부자가 될 수 있느냐고 물었다. 맥도날드 사장은 IT를 공부하라고 조언해줬다.

그날로 손정의는 최고 부자의 꿈을 두드렸다. 당시 고등학교 1학년이던 손정의는 자퇴를 하고 미국으로 유학을 떠났다. 컴퓨터를 공부하며 부자 사업가가 되는 꿈을 키웠다.

대학을 졸업한 손정의는 일본에 귀국해 두드림을 실행에 옮겼다. 컴퓨터 소프트웨어를 유통하는 회사 소프트뱅크SoftBank를 창업했다. 이 회사는 일본 1등 회사가 됐다. 손정의는 일본 최고의 부자 반열에 올랐다. 두드림이 가져다준 위대한 결과였다.

판잣집 '흙수저'의 초라하고 평범했던 자신의 운명을 누구나 우러러보는 '자수성가의 상징'으로 만들어놓았다.

Do Dream

운명을 바꾸는 두드림의 기적 따라 하기

✔ 현실을 불평하지 말라, 극복하라.

✔ 두드림은 나의 운명을 바꿀 수 있다고 믿어라.

✔ 시련을 탓하지 말라, 시련을 즐겨라.

✔ 나만 불행하다고 생각하지 말라, 누구나 아픔이 있다.

✔ 왜 가난하냐고 탓하지 말라, 부자가 되면 된다.

✔ 왜 이렇게 태어났냐고 하지 말라, 운명을 바꿔라.

✔ 나태하지 말라, 남을 이기려면 바쁘게 살아라.

✔ 짜증 내지 말라, 항상 웃고 기뻐하라.

✔ 절대 부모를 탓하지 말라, 가장 소중한 존재다.

✔ 절대 불행을 슬퍼하지 말라, 기쁨이 될 수 있다.

✔ 나를 먼저 생각하지 말라, 먼저 배려하라.

✔ 남을 미워하지 말라, 먼저 사랑하고 인사하라.

✔ 용서받길 기다리지 말라, 먼저 용서하라.

✔ 이웃의 아픔을 외면하지 말라, 기부하고 먼저 도와라.

✔ 나쁜 생각을 하지 말라, 좋은 생각을 할 시간도 없다.

✔ 거짓말을 하지 말라, 참된 말로 친구를 만들어라.

PART
4

영웅들의 성공 비밀노트

영웅들을 만든
두드림

MBN 기자들이 5년간 추적 끝에 찾아낸 성공한 사람들의 성공 비밀, 두드림. 크고 작은 성공을 거둔 모든 사람은 자기 자신이 꿈꾸는 두드림을 갖고 있었다. 두드림을 자신의 것으로 만들기 위해 착실하게 미래를 설계하고 한 발짝 한 발짝 성공을 향한 발걸음을 게을리하지 않았다.

영웅들은 갈망의 두드림을 통해 가슴 뛰는 꿈을 꾸었다. 생각의 두드림을 통해 꿈을 성취하는 방법들을 고민하고 찾아냈다. 실행의 두드림을 통해 가장 쉽게 할 수 있는 것부터, 작은 것부터 차근차근 실행에 옮겼다. 주저하지도 않았다. 어떨 때는 서둘렀고 어떨 때는 게으름도 피웠지만, 절대 포기하지 않았다.

목표를 정하면 '갈망–생각–실행'의 3단계 '두드림 실천법'에 따라 행동했다. 꿈을 이뤘을 때는 상상하며 자신의 삶을 변화시켰고 운명을 바꿨다. 나아가 세상을 변화시켰고 다른 사람의 '희망'이 되었다. 특히 성공한 사람들은 변화를 자기 발전과 성장의 기회로 활용했다.

대한민국 대표 청년 포럼 'MBN Y 포럼'은 이와 같은 방법으로 두드림을 실천한 '2030 우리들의 영웅들'을 뽑았다. 15만여 명이 투표를 통해 9팀의 영웅을 선정했다.

미국 역대 대통령들의 대표 통역사 이연향, 여성 첫 대한민국 주 영국대사 박은하가 글로벌 영웅에 올랐다. 동남아시아를 대표하는 한상 기업인 오세영 코라오홀딩스 회장, 유통업계 첫 여성 CEO 임일순 홈플러스 대표는 경제 영웅에 선정됐다. 문화·예술 영웅에는 〈사랑을 했다〉로 케이팝K-Pop 스타가 된 iKON(아이콘), 충무로 대세 연기파 배우 이제훈, 영화의 본고장 할리우드를 매료시킨 한국인 배우 수현이 선정됐다. 스포츠 영웅에는 베트남의 국민영웅 박항서 베트남 축구 국가대표 감독, '영미' 돌풍을 일으킨 경북체육회 여자 컬링팀 팀킴이 영웅으로 뽑혔다.

이들 '우리들의 영웅들'은 어떤 두드림으로 성공 신화를 만들었을까?

글로벌 영웅
이연향

미국 대통령 대표 통역 한국인

노래에 재능이 많아 서울예술고등학교에 들어갔고 노래 실력으로 연세대학교에 입학해 성악을 전공했다. 그러니까 성악가를 꿈꾼 꿈 많은 소녀였다. 그런 이연향의 운명을 바꾼 것은 두드림이었다. 통번역대학원 입시를 준비하는 친구를 보며 자신도 모르게 통역사를 꿈꾸게 됐다.

꿈이 있으면 지금 시작하라고 한 말처럼 이연향은 내친김에 친구를 따라 한국외국어대학교 통번역대학원 시험을 쳤다. 그는 합격증을 받게 됐고 성악가 지망생의 운명은 통역사로 바뀌었다.

"운명을 바꾸게 하는

인생의 어떤 계기가 있는 것 같다.

이 계기를 잘 받아들이면

누구나 성공적인 인생을 만들 수 있다."

졸업 후 전문 통역사로 활동하던 이연향은 더 큰 꿈을 꾸었다. 1996년 미국 캘리포니아 몬터레이 통번역대학원에 한영과가 창설되자 이곳에 지망했다. 이 일이 이연향의 운명을 바꾸는 또 다른 기회를 제공했다. 미국 국무부의 한국어 외교 통역관이 된 것이다.

이후 이연향은 탄탄대로의 길을 걷게 됐다. 미국 국무부 통역국장이 되어 주요 정상회담 통역의 책임을 맡게 됐다. 아시아계로 이 자리에 오른 이는 이 국장이 처음이다. 통역국은 45개 언어를 관리하며 외부 통역사만 1,500여 명이다.

이 국장은 2008년 이명박 전 대통령과 조지 부시George W. Bush 전 대통령의 캠프데이비드 정상회담부터 2013년 박근혜 전 대통령과 버락 오바마Brack Obama 전 대통령의 백악관 정상회담, 2018년 도널드 트럼프Donald Trump 대통령과 문재인 대통령의 정상회담 역시 그녀의 통역을 거쳐 회담이 진행됐다.

국무부에선 '닥터 리'로도 불린다. 오바마 전 대통령, 힐러리 클린턴 Hillary Clinton 미 국무장관, 부시 전 미국 대통령, 스티븐 보즈워스 Stephen Bosworth 미 국무부 대북정책 특별대표, 스필버그, 빌 게이츠 등 세계적 영향력을 지닌 인사들의 통역을 도맡아 했다.

2008 베이징 올림픽과 2010 밴쿠버 동계올림픽 때도 한국어 공식 통역사로 활동했다.

이연향 통역사가 다시 눈길을 끈 것은 김정은 북한 국무위원장과 '세기의 담판'에 나선 도널드 트럼프 미국 대통령의 통역을 맡으면서다. 김 위원장과 트럼프 대통령 회담 장면이 국내외 언론에 보도되면서 각종 포털 사이트 실시간 검색 순위 상위권에는 '이연향'이 김 위원장의 김주성 통역관과 함께 올라왔다.

이연향은 통역사에게 가장 중요한 게 무엇이냐는 질문에 다음과 같이 말한다.

"통역사의 기본은 보안입니다.

현장에서 오간 대화는

현장을 벗어나면 잊습니다."

재능을 찾아내는 두드림

미국 대통령 통역사 이연향은 본인이 어학에 뛰어난 재능이 있는 줄 몰랐다. 노래가 좋아 성악의 길을 가고 싶었다. 그렇지만 대학원에서 통번역을 공부하며 자신에게 어학에 끼가 있다는 사실을 발견하고 통역가의 길을 두드렸다. 되돌아보니 어학의 재능이 숨어 있었다.

아버지 일로 이란에서 국제중학교를 다니며 영어에 두려움이 없었다. 대학생 시절에는 국내 영자지 기자로 활동하며 영어 기사를 쓰는 데도 자신이 있었다. 결혼 후에는 남편 유학을 따라가 2년간 살면서 미국 생활에도 익숙해져 있었다.

이처럼 이연향은 숨어 있던 어학에 대한 자신의 재능을 두 아이를 낳고 키우며 살던 중 우연히 알게 됐다. 그때 그녀 나이 33세였다. 게다가 친구가 통번역대학원에 도전해볼 것을 강력하게 권유했다.

"그래, 한번 해보는 거야.
가정주부의 운명을
전문 통역사로 바꿔보자."

대학원을 마치고 전문 통역사가 된 이연향은 다국적 회사에 다니는 남편을 두고 혼자 아이 둘을 데리고 미국으로 건너갔다. 큰 두드림을 찾아나선 것이다. 그리고 그녀는 미국 대통령들의 '입'과 '귀'가 되는 대표 통역사로 운명을 바꿨다.

재능을 찾아내고 그 재능으로 펼칠 꿈을 두드리면 희망찬 운명이 펼쳐지게 된다.

이연향 영웅의 두드림

Do Dream

대학에서 성악을 공부한 이연향이 어학에 대한 자신의 재능을 깨달은 나이 33세. 혼자 아이 둘을 데리고 미국으로 건너간 그녀는 아시아계 최초로 국무부 통역국장에 올랐다. 조지 부시부터 오바마와 트럼프 대통령까지 그녀의 입을 거쳐 정상회담을 진행했다. 자신의 재능을 찾아냈을 때 망설임 없이 도전하고 뛰어든 결과 운명을 바꾸는 두드림이 펼쳐졌다.

글로벌 영웅
박은하

여성 최초 주 영국 대한민국 대사

박은하 대사는 한국인으로 '여성 최초'라는 수많은 기록을 만든 여성이다. 어린 시절부터 외교관이 되어 대한민국을 전 세계에 알리는 꿈을 꾸었다. 그리고 끈질긴 두드림 끝에 그 꿈을 자신의 것으로 만들었다. 대구에서 태어나고 연세대학교 사회학과를 졸업한 그녀는 1985년 여성 최초로 외무고시(19회) 수석 합격자라는 기록을 세웠다.

"최초라는 기록은

열심히 사는 결과물 같아요."

그때까지 외무고시에 합격한 여성은 김경임 전 튀니지 대사(12회), 백지아 현 제네바 대사(18회), 그리고 박은하 대사가 세 번째였다.

김원수 전 유엔 군축고위대표와 결혼해 부부 외교관 1호라는 타이틀도 지녔다. 그런데 부부 외교관은 걸림돌이 많았다. 관행상 부부 외교관이 한 공관에서 근무하는 것은 사실상 금지됐기 때문이다.

박 대사가 유엔대표부에 발령받는데, 남편이 6개월 뒤 유엔대표부로 오게 됐다. 그래서 박 대사는 뉴욕 총영사관으로 자리를 옮겨야 했다.

김대중 정부 때였던 2000년대 초반 비슷한 일이 반복됐다. 박 대사가 청와대에 파견돼 일한 지 6개월 뒤 남편도 청와대로 발령받았다. 박 대사는 또 자리를 외교안보연구원으로 옮겨야 했다. "청와대에 함께 있을 수 있는 부부는 대통령과 영부인밖에 없다"는 얘기를 뒤로하고서다.

여성 첫 영국 대사가 된 것도 새로운 기록이다. 여성 직업외교관이 유엔 안전보장이사회 상임이사국 주재 대사로 임명된 것은 외무부 출범 이후 70년 만에 처음이다. 이에 앞서 33년간 외교부에 근무하며 주 뉴욕 영사, 기획조사과장, 유엔대표부 공사참사관, 개발협력국장, 주 중국 공사, 공공 외교대사 등 화려한 경력을 쌓으며 정무와 경제, 공공 외교에 앞장섰다.

유리천장을 깨준 두드림

남성 중심의 외교관 세계에서 여성이 대사 자리까지 오르기는 힘겨운 역경의 연속이었다. 특히 여성 외교관이 몇 명에 불과한 시절 1세대 여성 외교관으로 홀로 서기란 쉬운 일이 아니었다. 게다가 첫 부부 외교관 1호로 자녀를 키우며 생활하기는 더욱 힘든 삶의 연속이었다.

하지만 박 대사의 두드림 앞에 이러한 것들은 큰 장애가 되지 않았다. 주 뉴욕 영사, 주 유엔 공사참사관, 주 중국 공사 등 주요 요직을 거치며 탄탄한 실력을 쌓았다. 이 결과 남자가 독차지하던 영국 대사 자리를 여성 최초로 차지하는 파격 인사의 주인공이 됐다.

"여성의 사회 진출이 많지 않았던 시절,

큰 꿈을 꾸었기 때문에

여성 최초라는 타이틀을 갖게 된 것 같습니다."

박 대사는 '최초의 여성', '유리천장 깨기'라는 단어를 좋아한다. 많은 개개인이 자신의 역량을 개발하고 사회에 기여하겠다는 게 두드림을 실천하는 방법이라고 믿기 때문이다.

이처럼 최선을 다하는 자세 때문에 박 대사는 김대중 정부 시절 청와대에 파견 나간 첫 여성 외교관이 되었다. 박 대사는 강경화 외교장관이 외교부 첫 여성 국장으로 발탁되는 것을 보고 스스로 다짐했다.

"아, 열심히 하면
국장이 될 수 있겠구나."

박 대사는 스스로를 격려하며 유리천장을 깰 더 큰 꿈을 키워나갔다. 이 두드림은 그녀를 성공한 외교관으로 만들어줬다.

박은하 영웅의 두드림   *Do Dream*

여성 최초 외무고시 수석 합격, 여성 첫 영국 대사. 어린 시절부터 외교관이 꿈이었던 박은하는 끈질긴 두드림으로 대한민국 유리천장을 하나씩 깨뜨렸다. 그뿐만 아니라 지난 33년간 주 뉴욕 영사, 유엔대표부 공사참사관, 주 중국 공사를 거치며 탄탄한 실력을 쌓아 올려왔다. 인생을 통틀어 아주 오랜 시간 자신의 역량을 개발하고 애쓴 결과였다.

경제 영웅
오세영

동남아 최고 기업 일군 한상 기업인

오세영 코라오홀딩스 회장은 맨주먹으로 동남아 최고 기업을 일군 창업자다. 1988년 코오롱 상사에 입사해 해외무역 업무를 배우면서 해외 사업에 대한 꿈을 두드렸다. 27세의 청년 오세영은 입사 3년 만에 사표를 던지고 베트남 현지에 봉제 수출 도전장을 냈다. 회사 일을 하면서 알게 된 베트남 현지 임가공업체와 손잡고 봉제 수출을 시작한 것이다. 하지만 첫 번째 사업은 실패로 끝났다. 현지 동업자가 배신을 했기 때문이다. 오 회장은 실패를 딛고 다시 일어났다.

두 번째 창업은 한국에서 중고차를 수입해 베트남에 파는 일이었다.

짧은 시간에 큰 성공을 거뒀다. 그러나 베트남 정부가 수입금지 조치를 단행하면서 두 번째 사업 역시 실패로 끝났다.

오 회장은 다시 일어나 꿈을 두드렸다. 이번에는 아무도 눈여겨보지 않던 라오스로 갔다.

"인구 많고 경쟁 심한 지역보다

1등 할 수 있는 작은 시장에서 승부를 걸자."

이곳에서 한국KOREA과 라오스LAOS를 합성해 코라오KOLAO를 창업했다. 중고차 수입 판매회사 코라오는 오 회장에게 대성공을 안겨줬다.

"인도차이나반도 국가 중

인구가 적다고 기업들이 거들떠보지 않아

할 일들이 무궁무진했습니다."

코라오는 라오스에서 블루오션을 캤고 자동차·오토바이 제조와 판매, 금융, 건설, 물류, 전자제품 유통, 레저, 미디어 등의 사업을 하는 대기업으로 성장했다. 회사는 라오스 1등 기업으로 성장했고 오 회장은 자동차왕이 되었다. 정부에서도 오 회장에게 최고 기업인상, 최고 등급 공로훈장의 영예를 안겨줬다.

오 회장은 더 큰 꿈을 두드렸다. 중고차 수입상에 불과했던 코라오를 트럭 제조회사로 변신시킨 것이다. 코라오는 2013년 8월 '대한DAEHAN'이라는 브랜드의 1톤 픽업트럭 생산을 시작했다. 출시 3년 만에 시장점유율이 20.3%로 급성장했다.

성공 전략은 시장을 독식하고 있던 일본 도요타와 차별화하는 것이었다. 30~40% 저렴한 가격과 차별화된 애프터서비스는 돌풍을 일으키는 촉매제가 됐다. 오 회장은 여세를 몰아 베트남, 캄보디아, 파키스탄까지 시장을 확대했다. 본사도 베트남으로 옮겨 동남아시아 모든 나라를 대상으로 시장을 공략하고 있다.

기회를 찾아주는 두드림

오세영 회장이 베트남에서 실패한 사업을 코라오로 옮겨 성공 신화를 만들 수 있었던 것은 해외 사업에 대한 강렬한 두드림이 있었기 때문이다. 오세영 회장의 두드림은 남들이 거들떠보지 않던 시장을 알아보는 안목을 안겨줬다.

"작은 시장에서도

1등을 하거나 시장을 독점하면

상당한 이익을 낼 수 있다."

두드림은 새로운 기회를 안겨줬고 더 큰 두드림으로 이끌어줬다. 오토바이와 자동차 판매 매장을 늘릴 방법을 고민한 끝에 2002년 건설업에 뛰어들었고, 차량을 효율적으로 운반하는 시스템을 구축하기 위해 2007년 물류 사업을 시작했다.

자동차와 오토바이 구매 부담을 줄여주는 할부 금융을 위해 2009년에는 금융업에도 진출했다. 코라오가 운영하는 인도차이나뱅크는 한국에 등장한 번호표 시스템을 라오스 최초로 선보이며 혁신적인 서비스로

민간은행 1위가 됐다. 도요타가 자동차를 3일 만에 수리해줄 때 코라오는 하루 만에 끝냄으로써 한국차를 타야 한다는 믿음을 심어줬다.

성공하는 사업을 만들기 위한 갈망의 두드림은 다양한 성공 전략을 찾아주는 생각의 두드림을 작동시켰고, 이 생각대로 오 회장은 성공 신화를 만들어나갔다.

두드림은 오 회장을 더 큰 무대로 이끌었다. 2020년까지 인도차이나반도 톱10 기업을 목표로 세웠다. 라오스에서의 성공에 만족하지 않고 동남아시아 개발도상국인 베트남, 캄보디아, 미얀마, 파키스탄 등으로 영역을 확대했다.

"다양한 직업이 있지만
후배들에게 상사맨을 추천합니다.
그 나라에 없는 물건을 찾아
현지 역사와 문화를 이해하며 파는 것이
해외 개척의 묘미입니다."

오세영 회장은 "외국어를 하고 현지식을 먹으며 해외에 살아봤다고 현지화되는 게 아니다"라며 "100~200년 역사와 문화를 알고 소비자를 이해하는 게 해외 사업의 첫 번째"라고 강조한다.

오 회장의 생각의 두드림은 국가별 특성을 이해하는 제품을 만들도록 했다. 그래서 베트남에 판매하는 트럭은 승객 공간을 최소화하는 대신 짐 싣는 공간을 최대한 제공하고 있다. 영국 식민지였던 파키스탄을 공략하기 위해 우측 핸들 트럭을 개발했다.

이처럼 오 회장은 꿈을 현실로 만들기 위해 엄청난 생각의 두드림을 작동시켰고, 이 생각을 철저하게 실행에 옮겼다. 그리고 성공 신화를 만들어냈다. 중고차와 오토바이를 팔던 작은 상사는 자동차와 오토바이를 생산하는 굴지의 대기업으로 성장했다. 작은 시작으로 위대한 결과를 만들어낸 것이다.

오세영 영웅의 두드림   *Do Dream*

27세 청년 오세영은 작지만 자신이 1등 할 수 있는 시장에 승부수를 띄웠다. 남들이 치열하게 경쟁하는 큰 시장에 목매지 않고, 아무도 눈여겨보지 않는 새로운 가능성에 주목했다. 인구 700만에 불과한 라오스의 블루오션에 뛰어든 결과 그는 '자동차업계의 왕'이라 불리는 1인자가 되었다. 나만의 전략을 고민하는 생각의 두드림 덕분에 빛나는 성공 신화를 쓸 수 있었다.

경제 영웅
임일순

유통업계 여성 첫 CEO

연세대학교에서 경영학을 전공한 임일순 홈플러스 대표는 대부분의 다른 졸업생과 마찬가지로 회사에 취직을 했다. 22세 청년 임 대표는 모토로라에 입사하며 외국계 회사와 인연을 맺었다. 그리고 직장생활 10년 만인 1998년 코스트코 코리아 최고재무책임자CFO로 변신하며 유통업계에 뛰어들었다.

이로부터 9년 만에 여성으로는 국내에서 처음으로 유통기업 대표 자리에 올랐다. 우리 사회 유리천장을 또 하나 깨뜨린 인물이 된 것이다. 그것도 매출 10조 원, 직원 수 2만 4,000여 명에 달하는 홈플러스의 CEO가

됐다. 임 대표를 이 자리로 이끈 그녀의 두드림은 무엇이었을까.

그녀의 운명을 바꾼 것은 대학 4학년 때 수업 시간에 했던 미국 기업 모토로라에 대한 케이스 스터디였다. 학생 임일순에게 방위산업, 위성, 통신, 반도체 등 첨단산업을 모조리 하는 모토로라는 대단한 기업으로 다가왔다. 그때 학교 게시판에 모토로라 채용공고가 떴다.

"당시는 대기업 공채에서

여성을 뽑는 곳이 적었던 시절이고,

외국계라 남녀 차별도 없을 것으로 생각해

바로 지원했습니다."

즉흥적으로 했던 이 입사 지원이 임 대표의 운명을 바꿔놓았다. 첫 직장생활은 놀라움의 연속이었다. PC 구경을 하기도 힘들었던 그때 모토로라는 전 직원에게 PC를 내줬다. 홍콩 등 해외 사무소와 소통할 때는 메신저를 썼다. 사무실마다 텔렉스가 있어 수시로 문서를 보내고 받았다. 두드림이 가져다준 행복한 경험이었다.

유통업계 CEO 자리에 오른 임 대표는, 유통업은 여성에게 적합한 직업이라고 말한다.

"유통업은 여성이 남성보다

100만 배는 더 잘할 수 있는 분야죠.

고객의 니즈를 이해하고 창출하는

유통업엔 여성이 강점이 많죠."

임 대표는 여성들의 역할이 더 크다며 유통업계에서 두드림을 키울 것을 조언한다.

안목을 키워주는 두드림

두드림은 안목을 키워주는 마법을 발휘한다.

CEO가 된 임일순 대표는 유통업계 판도를 바꿀 생각의 두드림에 빠졌다. 이 생각의 두드림으로 찾아낸 게 '홈플러스 스페셜'이다. 임 대표는 대구점을 홈플러스 스페셜이란 매장으로 바꿨다. 창고형 할인점, 대형마트 두 개를 섞어놓은 듯한, 국내에서 처음 시도하는 '하이브리드 디스카운트 스토어'다. 창고형 할인점처럼 대용량 상품을 저렴하게 판매하면서 낱개 상품, 소포장 상품도 가져다 놓은 게 특징이다. 이 같은 아이디어는 한 개만 필요한데, 어쩔 수 없이 불필요하게 묶음 제품을 구입해야 하는 소비자 불편을 해소할 방법을 고민하던 두드림 끝에 나왔다.

"필요 없는 것을
잔뜩 사도록 강요하는 단점을 보완해
저렴한 대용량, 편리한 소용량을
함께 살 수 있도록 한 거죠."

임 대표의 두드림은 그녀의 안목을 키워줬다. 고객을 겨냥한 생각의 두드림은 고객에게 상품을 강요하는 대형마트의 단점을 보완할 수 있는 안목을 가져다줬다. 주부의 마음으로 장을 볼 수 있는 매장을 꾸미는 아이디어도 제공했다. 전 직원이 과일 맛을 체크할 수 있는 품질평가 시스템을 구축한 것이다. 이를 통해 사과와 참외 등 과일 맛 수준을 끌어올렸다. 맛이 없으면 무조건 환불해주는 신선식품 사후서비스AS 제도도 도입했다. 묻지도 따지지도 않는다. 그저 고객이 만족하지 않으면 환불해준다.

"걱정보다 반품 건수는 많지 않았어요.
오히려 품질을 끌어올리는 계기가 됐죠."

고객이 찾는 매장을 만들겠다는 두드림은 교환·환불 사태가 아니라 고객 사랑으로 이어졌다.

임일순 영웅의 두드림   *Do Dream*

미국 기업에 대한 과제를 하던 대학생 임일순은 마침 게시판에 뜬 채용공고를 발견한다. 당시 대기업들은 지금보다 여성을 뽑지 않는 분위기였다. 임일순은 남녀 차별이 덜한 외국계 회사에 과감하게 지원해 합격한다. 이곳에서 일찍이 다양한 선진 기술을 익힌 임일순은 여러 회사에서 경력을 쌓아 국내 유통 대기업의 첫 여성 대표가 되었다. 자신의 커리어를 개척해나가는 두드림의 결과 학생 시절 상상도 하지 못한 자리에 오를 수 있었다.

문화예술 영웅
iKON

음원 차트 휩쓴 케이팝 스타

iKON(아이콘)은 B.I.(리더, 랩), 김진환(보컬), BOBBY(랩), 송윤형(보컬), 구준회(보컬), 김동혁(보컬), 정찬우(보컬) 등 7인조 남성 아이돌 그룹이다. iKON은 'icon'과 'Korea'의 합성어로 기존의 icon에서 c 대신에 K를 넣어 한국의 아이콘이 되라는 YG 양현석 대표의 바람을 담고 있다.

7인조 그룹의 탄생은 각각 가수의 꿈을 두드리고 있던 청년 연습생들의 두드림이 만들어낸 결과물이다. 피나는 노력 끝에 연습생들은 2013년 Mnet에서 방송된 리얼리티 서바이벌 프로그램 〈WIN – Who Is Next?〉에 각자 도전장을 냈다.

당시에 연습생이었던 B.I., 김진환, BOBBY(2011년 1월 연습생 시작), 송윤형, 구준회(2012년 4월 연습생 시작), 김동혁(2012년 연습생 시작)이 'Team B'라는 이름으로 출연했다. 서바이벌 프로그램을 통해 Team B는 세 장의 싱글 음반을 발표하기도 했고 선풍적인 인기를 끌기 시작했다.

이어 2014년 6월, Team B는 두 번째 리얼리티 서바이벌 프로그램 〈믹스 앤 매치〉에 출연했다. 이 프로그램에서는 새로운 일곱 번째 멤버를 찾는 것에 포커스가 맞춰졌다.

기존의 Team B(6명)의 멤버들과 3명의 새로운 연습생 멤버 정찬우, 정진형, 양홍석이 합류했다. 이 중에 김진환팀, B.I.팀, BOBBY팀으로 나눠 대결을 해 우승자가 iKON으로 데뷔하게 되었는데, 최종 멤버로 정찬우가 합류했다.

이후 B.I.와 BOBBY가 힙합 래퍼 서바이벌 프로그램 〈쇼미더머니〉에 참여했다. BOBBY는 자신의 랩 실력을 유감없이 발휘해 프로그램에서 최종 우승을 해 iKON이라는 그룹을 알리며 케이팝 스타의 탄생을 알렸다.

"성공 비결이 뭐냐고요?

지독한 연습밖에 없는 것 같아요."

연습을 통해 다져진 노래 실력은 음악인들을 매료시켰다. '제33회 골든디스크 시상식'에서 iKON은 디지털음원 부문 대상을 거머쥐었다.

〈사랑을 했다〉는 센세이션을 일으키며 세대를 아우르는 국민송이 됐다. 국내 최대 음원 차트에서 무려 40일 동안 일간 차트 1위를 차지했고, 6주 연속 주간 차트 1위, 2개월 연속 월간 차트 1위라는 역대급 성적을 거뒀다.

iKON의 성공은 거저 얻어진 게 아니었다. 2013~2014년에 걸쳐 진행된 두 오디션 프로그램을 통해 수만 대 일의 경쟁을 뚫고 철저히 실력을 검증받았다. 이 관문을 통과하기 위해 가혹한 훈련을 통해 스스로의 역량을 키워냈다.

새로운 드라마를 쓰도록 해주는 두드림

iKON의 탄생은 꿈 많은 7명 청년들의 두드림의 결과물이다. 치열한 경쟁을 통해 살아남은 연습생들은 모든 것을 걸었다. 케이팝 스타의 꿈을 안고 글로벌 무대에 도전장을 냈다. 방탄소년단이 쓴 두드림의 신화를 다시 쓰는 드라마의 주역이 되겠다는 꿈을 꾸고 있다.

첫 앨범 〈더 뉴키즈〉에 많은 꿈을 담았다. 앨범의 수록곡 〈I'm OK〉는 아이튠즈 12개 지역 차트 1위에 올랐다. 일본 아이튠즈 3개 부문 1위, 중국 QQ뮤직 케이팝 뮤직비디오 부문에서 1위에 오르며 새로운 케이팝 스타의 탄생을 알렸다. 개성과 완성도를 갖춘 음악적 시도로 평가받으며 존재감을 드러냈다. 이 같은 성공 뒤에는 실력과 완벽주의가 숨어 있다.

"음반을 녹음하거나 안무를 맞출 때
완벽주의 기질이 발동해요."

B.I.는 멤버들 사이에서 '호랑이 프로듀서'로 소문나 있다. 〈뉴키즈〉 앨범에 담긴 모든 곡을 작사·작곡했다. B.I.가 만족할 때까지 몇 번이고 해야 하는데 무서울 정도라고 한다. 그래도 아무도 불평하지 않고 최고의 음반을 내기 위해 매진한다.

공동의 꿈을 이루기 위해 팀워크도 남다르다. 밀레니엄은 〈바람〉과 〈칵테일〉을 공동으로 작·편곡한 프로듀서다. 〈사랑을 했다〉, 〈고무줄다리기〉, 〈블링블링〉 등을 B.I.와 함께 썼다.

이들은 최고의 작품을 만들기 위해 환상의 궁합을 맞춘다. B.I.는 자신의 장점인 멜로디나 가사를 쓰는 실력을 발휘하고 밀레니엄은 그걸 더욱 세련되게 재가공한다. 김진환, 김동혁, 구준회는 최고의 안무를 선보이기 위해 지혜를 모은다. 안무를 더 잘 소화하기 위해 체중을 6kg이나 줄이는 것은 흔한 일이다.

한류 스타의 꿈은 점차 현실로 되고 있다. iKON이 자카르타-팔렘방 아시안게임 폐막식의 화려한 피날레를 장식했다. 약 6만 명의 현지 관중이 열광했다. iKON은 각자 어린 시절부터 큰 두드림을 갖고 있었다.

구준회는 13세 때 SBS 〈스타킹〉에 출연하며 일찌감치 스타성을 인정받았다. 이후 중3의 어린 나이로 '극찬'이라는 팀을 결성해 SBS 〈K팝스타〉에 출연해 본선까지 진출하며 스타의 꿈을 두드렸다. 이처럼 일찍 꿈을 두드리는 사람이 더 높은 꿈, 원하는 것을 얻을 수 있다. 그 두드림은 새로운 역사를 만들고 드라마를 쓸 수 있는 스토리를 만들어낸다.

iKON 영웅의 두드림

Do Dream

2018년 8월, 자카르카 아시안게임 폐막식에서 6만 명의 현지 팬이 iKON의 무대에 열광했다. 〈사랑을 했다〉라는 대히트곡으로 국민적인 사랑을 받기까지 iKON의 일곱 멤버들은 각자 어린 시절부터 두드림을 갖고 있었다. 구준회는 중3의 어린 나이로 '극찬'이라는 팀을 결성해 SBS 〈K팝스타〉 본선에 진출하며 스타의 꿈을 두드렸다. BOBBY는 힙합 래퍼 서바이벌 프로그램 〈쇼미더머니〉에 참가해 최종 우승을 해 iKON이라는 그룹을 알렸다. 한 팀을 이룬 멤버들의 노력이 모여 더 큰 두드림을 가능하게 했다.

문화예술 영웅
이제훈

충무로 대세 연기파 배우

충무로 대세 연기파 배우가 된 이제훈은 어릴 때부터 배우를 꿈꿨다. 꿈을 좇아 연극영화를 전공하고 싶었지만, 부모의 반대로 꿈을 잠시 포기했어야 했다.

대학 2학년 때 이제훈은 자신이 꿈꾸던 두드림을 다시 찾았다. 2008년 한국예술종합학교 연기과에 입학하며 운명을 바꿨다.

그는 거침없고 당당한 조선 최고의 불량 청년 '박열'을 맡으며 파격적인 변신을 선보였다. 얌전했던 머리는 부스스한 산발이 됐고 '우유 빛깔' 피부에는 흙먼지를 덕지덕지 얹었다.

분장을 하고 나가면 사람들이 그를 못 알아볼 정도로 그렇게 다른 모습을 연출했다.

그런데 난관이 있었다. 대사 절반 이상이 일본어였다.

"일본어가 입에 붙을 때까지

녹음 파일을 붙잡고 살았어요."

이제훈은 일본어를 전혀 하지 못했지만 영화 속에서 완벽한 박열이 되기 위해 능숙하게 일본어를 구사해야 했다. 그래서 일본어가 능숙한 주변 동료 배우들에게 대사 가이드 녹음을 부탁해 일본어 대사를 계속 듣고, 수백 번에 걸쳐 연습한 후 자신의 목소리를 녹음하는 방식으로 영화 속 모든 대사를 외웠다.

또한 이제훈은 연기가 왜곡이 되거나 오해의 소지가 생기지 않도록 대사와 연기가 하나가 되도록 했다. 그래서 촬영에 들어가기 전에 주변 사람들이 "그만 좀 해"라고 할 정도로 계속 대사를 중얼거렸고 현장에서 재차 확인을 했다.

액션 촬영은 생동감을 더했다. 이제훈은 후반부 연기를 위해 실제 박열처럼 끼니를 거르며 체중 조절을 하고 일본 경찰에게 고문을 당하는

장면에서는 '가짜처럼 보이면 안 된다'는 고집으로 곤봉 세례를 자처하기도 했다.

스물두 살의 박열을 연기하며 이제훈은 자신의 스물두 살도 회상했다.

"연기자가 되기 전에

연기를 하고 싶은 열망이 가득했다.

멋진 연기를 펼치는 모습을

무한히 상상했다."

이 같은 생각의 두드림은 그를 실제 배우의 길로 이끌었다.

이제훈은 극단에서 연기를 하고 무대에 선 자신의 모습을 꿈꿨다. 급기야 24세가 됐을 때, 그는 인생을 바꾸는 결단을 단행했다.

이제훈은 25세에 다시 연기 전공으로 대학을 바꿔 직진하는 인생을 만들었다. 두드림은 인생을 이끌어주는 등불이 된다.

행복을 안겨주는 두드림

이제훈은 연기를 시작하면서 지금까지와는 전혀 다른 행복을 느끼기 시작했다. 자기 스스로가 무엇을 원했고 갈망했는지 자신을 찾아냈기 때문이다.

"꿈을 찾아낸다는 것은
기쁘고 설레는 일 같아요."

이제훈은 연기를 시작하면서 처음으로 희열을 맛보기 시작했다. 꿈을 찾아 시작된 새로운 여정은 기쁨의 연속이었기 때문이다.

먼저 어떻게 하면 인정받는 연기자가 될까를 고민하는 생각의 두드림에 빠졌다. 이제훈이 가장 먼저 해야 할 일은 연기 실력을 끌어올리는 것이었다. 닥치는 대로 연극과 독립영화에 참여했다. 다양한 배역을 경험하며 연기력을 착실하게 다져나갔다.

그 결과 2010년 〈파수꾼〉과 2011년 〈고지전〉으로 인정받는 이제훈을 만들 수 있었다. 자신의 존재를 충무로에 각인시키며 대종상과 청룡영화제, 부일영화제, 영평상에서 신인남우상을 휩쓸었다. 충무로의 기대주로 강한 인상을 줬다.

"연기를 하고 있다는 것 자체가

제게는 너무나 큰 행운이자 행복입니다.

초심을 잃지 않고 죽을힘을 다해

연기하는 배우가 되겠습니다."

다수의 시상식에서 신인상을 받은 배우 이제훈은 연기자로 가는 길에 강한 자신감을 갖게 됐다. 좀 더 주어진 배역에 흠뻑 빠져 최고의 연기를 선보이기 위해 노력했고 첫사랑에 걸맞은 풋풋한 연기로 대호평을 받았다. 덕분에 이제훈은 2012년 영화 〈건축학개론〉으로 유명세를 타며 자리를 확고히 할 수 있었다.

이는 두드림을 이루기 위해 했던 착실한 준비가 가져다준 선물이었다.

두드림은 행복을 안겨주고 인생의 꿈을 이룰 수 있도록 해준다. 지금 꿈꾸고 있는 게 있다면 주저하지 말고 두드림하라.

이제훈 영웅의 두드림

Do Dream

영화 〈건축학개론〉의 풋풋한 역할로 대중적인 인기를 얻은 배우 이제훈은 거침없고 당당한 조선의 불량 청년 '박열'을 맡게 되면서 새로운 두드림에 도전했다. 최고의 배우가 되기 위해서는 파격적인 변신에도 능해야 한다. 극중 대사의 절반이 넘었던 일본어 연기를 위해 이제훈은 일본어 녹음 파일을 수백 번에 걸쳐 듣고 또 들었다. 두드림을 이루기 위한 착실한 준비 덕분에 대종상과 청룡영화제, 부일영화제, 영화평론가협회상에서 신인남우상을 휩쓸었다.

문화예술 영웅
수현

할리우드를 사로잡은 배우

탤런트이자 모델인 수현은 할리우드에 진출해 미국을 사로잡는 배우가 됐다. 대기업에 근무하는 아버지가 해외 발령을 받으면서 5세 때부터 11세 때까지 6년 동안 미국 뉴저지에 거주하며 영어를 배웠던 게 큰 무기가 됐다. 그녀는 토익 만점을 받을 정도로 영어를 잘한다. 고등학교 시절 꿈은 국제변호사나 TV 앵커였다. 당시 미국 CNN의 아시아 지역 헤드라인 뉴스 앵커 〈커루나 신 쇼〉를 보며 꿈을 키웠다.

그 꿈을 두드리며 이화여자대학교 국제학부에 입학했다. 교내 영자신문 〈이화 보이스〉에서 3년간 기자로 활동하며 기자나 아나운서가 되는 꿈을 두드렸다. 그 꿈에 다가가기 위해 〈코리아 타임스〉, 아리랑TV에서 인턴 기자로 활동하며 꿈을 두드렸다.

그런데 기자의 꿈을 향해 달리던 수현에게 운명을 바꾸는 일이 생겼다. 2005년 어느 날 우연히 한·중 슈퍼모델 선발대회 공고를 보게 됐다.

"'대회에 참여할지 말지
정말 고민 많았어요.'
곰곰이 생각해보니
노래, 영화, 패션에 관심이 많았다.
'그래, 도전해보자.'"

수현은 슈퍼모델 대회에 도전장을 냈다. 그동안 한 번도 모델로 무대에 서본 일이 없었던 초보의 도전이었다. 예상과 달리 1등.

운명을 바꾼 사건이었다. 슈퍼모델 입상 후 연예계에서 많은 캐스팅 제의가 들어왔다.

부모님까지 반대한 데다 어릴 때부터 두드렸던 꿈을 포기하기는 쉽지 않아 고민에 빠졌다. 그런데 꿈꿨던 국제변호사 연기를 해볼 출연 제의가 들어왔다. 이를 계기로 2006년 11월 SBS의 드라마 〈게임의 여왕〉에 출연하면서 자연스럽게 연예계에 데뷔했다. 이 드라마는 수현에게 뉴스타상을 안겨줬다.

그렇지만 연예계에서 살아남기는 쉬운 일이 아니었다. 의류, 이동통신, 화장품, 가전제품 등 광고 모델 활동을 하며 고민을 하다 배우로 진로를 확정했다. 수현이 가진 재능은 큰 무기가 됐다. 월트 디즈니에서 수현을 〈어벤져스: 에이지 오브 울트론〉에 캐스팅하면서 할리우드를 매료시켰다. 동시에 첫 영화 출연이 됐다.

두드림은 많은 기회를 제공한다. 꿈꿨던 생각들을 현실로 만들어주는 강력한 마법을 발휘한다.

글로벌 스타를 만들어주는 두드림

탤런트 수현의 두드림은 그녀를 세계 무대로 이끌어줬다. 〈어벤져스〉에 캐스팅되면서 자연스럽게 미국에서 활동하는 한국의 배우가 아닌, 아시아의 배우로 우뚝 서게 됐다.

지난 2015년 영화 〈어벤져스: 에이지 오브 울트론〉을 통해 할리우드에 진출한 수현은 영화 〈다크타워: 희망의 탑〉, 드라마 〈마르코폴로〉 등에 출연하며 자신의 입지를 다졌다.

영화 〈신비한 동물들과 그린델왈드의 범죄〉(데이빗 예이츠 감독)에서 내기니 역을 맡아 연기 변신을 선보였다.

> "미국에서는 촬영이 시작되면
> 집을 나선 순간부터 들어갈 때까지
> 모두 제작사에서 책임을 진다.
> 배우는 오로지 연기에 집중할 수 있다."

수현은 새로운 영화 제작 시스템을 통해 더 큰 배우가 될 꿈을 키우고 있다. 그래서 그녀는 매사에 최선을 다한다. 해외 활동을 하게 된 것 역시 신기하고 행운이라고 생각한다.

> "생각지도 않게 해외 활동을 하게 돼
> 저 스스로도 신기하고
> 행운과 같은 생각이 들어요."

수현은 할리우드 캐스팅을 그냥 행운으로만 되지 않도록 하기 위해, 꼭 필요한 캐릭터가 되기 위해 노력한다. 그녀는 진짜 '나 다움'을 찾고 개성 있는 자기 색깔을 찾는 두드림을 계속하고 있다.

두드림은 새로운 인생을 만들어주고 원하는 꿈을 이루도록 도와주는 친구와 같은 역할을 한다.

수현 영웅의 두드림

Do Dream

국제변호사가 꿈이었던 대학생 수현은 우연히 보게 된 슈퍼모델 선발대회 공고를 보고 도전했다. 생각지도 못하게 1등을 거머쥔 그녀에게 연예계 러브콜이 쏟아졌다. 꿈꿨던 변호사 연기를 할 수 있는 제의가 들어와 배우로 데뷔한 그녀는 할리우드 세계 무대까지 진출하게 된다. 두드림은 많은 기회를 제공한다. 꿈꿨던 생각들을 현실로 만들어주는 강력한 마법을 발휘한다.

스포츠 영웅
박항서

박항서 감독의 진심

박항서 감독은 2018 아시안게임에서 베트남을 56년 만에 아시안게임 축구 4강에 올려놓은 베트남 축구의 영웅이다. 2017년 9월 29일 베트남 축구 국가대표팀 감독으로 선임되어 그해 11월부터 베트남 대표팀을 이끌게 됐다.

그런데 박 감독은 약체 축구팀을 승승장구하는 축구팀으로 탈바꿈하는 놀라운 리더십을 발휘했다. 베트남 선수들을 동남아시아 최고 축구팀으로 만들 수 있다는 박 감독만의 캔두 정신과 두드림이 있었기 때문이다.

이 두드림은 2018년 AFC U-23 축구 선수권 대회에서 베트남 U-23

대표팀을 결승에 진출시키는 파란을 일으켰다. 비록 우즈베키스탄에 패하면서 준우승에 머물렀지만 이 대회를 통해 베트남 국민들로부터 '베트남의 히딩크'라는 별명을 얻게 되었다. 2018 AFF 스즈키컵에서도 베트남을 2008년 대회 이후 무려 10년 만에 우승으로 이끌었다.

박 감독의 성공 비법은 무엇일까. 그것은 꿈꾸고 도전하는 두드림에 있었다. 박 감독은 '동남아 축구를 개척해보겠다'는 야망이 컸다. 무모해 보였지만 가만히 있기보다 미지의 세계에 도전하는 길을 선택했다.

"베트남 말도 모른 상태에서

두려움이 많았죠.

하지만 할 수 있다는 자신감과

도전 정신으로

베트남 대표팀 감독에 도전했죠."

박 감독의 도전 정신은 그를 국가적 영웅으로 만들어줬다. 키도 작고 체구도 작았지만, 박 감독이 펼쳐온 기술은 같은 체격의 베트남 선수들에게 최고의 가르침이 됐다. 말이 통하지 않아 보디랭귀지로 소통했지만, 아무런 불편이 없었다. 온몸으로 기술을 보여줬다.

"제가 선수들을 위로할 방법은

스킨십이 전부였습니다.

끌어안으며 짧은 영어로

선수들을 다독였죠."

스킨십은 말 그대로 만국 공통언어였다. 말은 안 통해도 마음은 통할 수 있다는 걸 보여줬다. 진심이 통했던 것이다. 선수들은 감독의 격려에 자신감을 얻었다. '잘할 수 있다', '이길 수 있다'며 심어준 용기는 선수들의 정신력을 키워줬다. 그 결과는 천하무적이었고 걸림돌이 없었다. 캔두 정신과 도전 정신, 즉 두드림 정신은 기적을 만들어줬다. 베트남 정부는 박항서에게 '3급 노동훈장'을 수여했다.

국민영웅을 만들어준 두드림

박항서 감독은 하루아침에 갑자기 성공한 게 아니다. 그의 성공 뒤에는 철저한 준비가 숨어 있다. 국가대표 축구 선수가 되는 두드림 끝에 박 감독은 1977년 18세 때 제19회 아시아 청소년 축구대회에 참가하는 20세 이하 청소년 대표로 선발될 수 있었다. 그는 이 대회 주장을 맡아 우승으로 이끌었다. 이어 1979년에는 당시 대한민국 축구 국가대표 2진인 충무팀에 선발됐고, 1981년에는 1진인 화랑팀에 선발됐다.

하지만 국가대표로 뛴 A매치는 단 1경기. 1981년 3월 한일정기전에서 전반 17분 교체 투입돼 73분간 뛴 게 전부다. 그런 그가 어떻게 세계적인 감독으로 거듭날 수 있었을까.

그는 29세의 나이에 일찍 은퇴해 지도자로 승부를 걸었다. 트레이너와 코치로 선수를 키우는 안목을 발휘했다. 특히 2002 한일 월드컵에서 수석코치로 거스 히딩크Guus Hiddink 감독을 보좌하며 대한민국의 월드컵 4강 신화를 만드는 데 기여했다.

"당시 히딩크 감독이
이야기한 내용을 모두 정리해
노트로 만들었습니다."

이 노트는 박항서를 최고의 감독으로 거듭나게 하는 비밀노트가 됐다. 박 감독은 일이 잘 안 풀리고 답답할 때마다 노트를 보며 해답을 찾는다. 그만큼 히딩크 감독 곁에서 많은 걸 배우며 실력 있는 감독이 될 준비를 철저히 했다. 이 같은 준비 정신은 대회 때마다 그대로 드러난다.

"계란으로 바위를 치려면

나름대로 철저한 준비가 필요합니다."

박 감독은 '이기는 경기'를 하기 위해 베트남 선수들에게 어떤 특징이 있는지부터 분석했다. 키와 체구가 작아 체력이 금세 떨어졌다. 체지방이 부족하고 보디 밸런스가 좋지 않아 부상 위험이 컸다. 원인을 분석한 박항서는 한 달 동안 선수들의 체력을 키우는 일만 했다. 고기와 고단백질 음식만 먹으며 1주일에 4~5일간 웨이트트레이닝을 했다. 그 결과 3~4일 간격으로 경기를 했지만 체력이 떨어지지 않았다.

두드림을 이루기 위한 철저한 준비는 대회 우승이라는 위대한 결과를 안겨줬다. 베트남 축구 역사를 새로 쓰도록 해준 것이다. 국제축구연맹 FIFA 랭킹 112위, '축구의 변방' 국가를 들썩이게 만들었다.

박항서 영웅의 두드림 *Do Dream*

박항서 감독의 성공 신화는 하루아침에 이뤄진 것이 아니다. 18세 아시아 청소년 축구대회의 주장으로 뛰면서 팀을 우승으로 이끌었던 박항서는 29세의 나이에 일찍이 은퇴해 지도자로 승부를 걸었다. 2002 FIFA 월드컵에서 수석코치로 거스 히딩크 감독을 보좌하며 트레이너와 코치로서 선수를 키우는 '제2의 축구 인생'을 본격적으로 준비했다.

스포츠 영웅
팀킴

'영미' 돌풍 일으킨 컬링팀

팀킴Team Kim은 경북도체육회 소속의 국가대표 컬링팀이다. 순식간에 '영미' 돌풍을 일으키며 컬링 신드롬을 일으켰다. 이들은 어쩌다 한국에 낯설었던 컬링을 시작했고, 어떻게 은메달의 기적을 만들 수 있었을까.

기적의 이면에는 의성 출신 '마늘소녀'들의 두드림이 숨어 있다. 의성의 고향 친구, 동창, 자매로 구성된 팀킴은 조용히 올림픽 영웅을 꿈꿨다. 동네에서 몇 명이 만나 훈련하는 정도로는 세계적인 선수들과 경쟁해 메달을 딴다는 것 자체가 기적에 가까웠지만, 선수들은 '나도 할 수 있다'는 캔두 정신으로 똘똘 뭉쳤다. 눈빛만 봐도 서로를 알 수 있는 그런

사이였기 때문에 쉽게 한마음이 될 수 있었다.

우선 김경애와 김영미는 자매 사이다. 컬링이 생소한 한국에서 팀원 꾸리기도 녹록지 않았다. 김영미 선수가 고등학교 시절 방과 후 활동으로 컬링을 시작하면서 친구였던 김은정이 따라 하게 됐다. 그러다 김영미의 동생인 김경애가 언니 심부름을 왔다가 같이 시작하고, 김경애 선수가 학교 칠판에 '컬링 할 사람'을 쓰면서 컬링 선수를 모집, 김선영이 컬링을 시작하게 됐다.

이들의 훈련지는 2006년도에 국내 최초로 4시트 국제 규격을 갖춘 경북 의성에 마련돼 있는 전용 컬링센터경기장이다. 비인기 종목인 컬링 훈련을 할 때마다 훈련장을 떠나려는 동료 선수들에게 주장 김은정은 자매처럼 챙기고 도닥이고 같이 눈물을 흘리며 두드림을 키웠다.

"놀 게 없어 시작한 게

컬링이었습니다.

하지만 컬링을 하며

올림픽 금메달을 꿈꾸게 됐죠."

컬링은 팀킴 선수들에게 새로운 꿈이자 희망이 됐다. 피나는 연습을
통해 실력을 쌓았고 그 실력은 평창 올림픽에서 유감없이 펼쳐졌다. 최고
유행어 '영미~!'를 만들어내며 올림픽 무대에서 세계 정상과 어깨를 나란
히 하는 기적을 만들어냈다.

이 같은 힘은 어디에서 나온 것일까. 바로 두드림이 만들어낸 기적이
다. 팀킴은 훈련을 하며 '우리도 한번 금메달을 따보자'는 두드림을 갖게
됐다. 10년간 호흡을 맞추며 완벽한 팀워크를 완성해냈다.

아무도 예상하지 못했던 컬링이었지만, 팀킴은 새로운 역사를 만들어
냈다. 메달조차 예상하지 않았지만 팀킴은 대한민국 국민에게 은메달을
안겨줬다. 그리고 대한민국을 컬링 열풍에 빠지게 했다.

새로운 꿈을 심어주는 두드림

팀킴 선수들은 컬링을 시작하기 전까지 모두 서로 다른 두드림을 갖고 있었다.

김은정의 고교 시절 장래 희망은 요리사였다.

"어린아이일 때부터

요리를 좋아했고

요리사가 되는 꿈을 꾸었죠."

김은정은 근엄한 카리스마와는 달리 오밀조밀하고 정교함이 필요한 활동을 좋아한다. 인테리어에 관심이 많아 장식하는 것을 좋아한다.

대표팀의 바이스 스킵(부주장)인 김경애의 꿈은 직업군인이었다. 평소 운동 등 활동적인 취미생활을 좋아해 군인과 같은 씩씩한 일을 직업으로 갖고 싶었다.

평창 올림픽의 최고 유행어 '영미~!'의 주인공인 김영미는 유치원 선생님이나 유치원 체육 교사를 꿈꿨다.

이렇게 꿈 많던 팀킴은 컬링을 시작하면서 새로운 두드림으로 인생을 바꿨다. 2006년 그들이 살던 동네 의성에 한국 최초의 컬링장이 들어선 것이다. 동네 사람들은 이것이 무엇을 하는 곳인지, 컬링이 어떤 운동인지 잘 알지조차 못했다. 하지만 마늘소녀들은 남다른 두드림으로 컬링 신화를 창조해냈다.

"상대방이 얼마나 세계적인 선수인지
우리는 전혀 신경 쓰지 않았어요.
우리가 해야 할 경기에만 집중했죠."

팀킴은 컬링 세계 랭킹조차 없었지만 세계 정상의 선수들과 겨룰 때 전혀 주눅 들지 않았다. 대신 놀라운 단합과 전술, 집중력으로 경기에 몰입했다. 스윕(빗자루로 빙판을 닦아라), 헐(더 빨리 스윕해라), 업(스윕을 멈춰라) 등 컬링 용어를 '영미~!'라는 구호 하나로 대신했다.

'영미~!'는 마법의 주문이 되어 위대한 결과를 만들어줬다. 실수가 나오더라도 동요하는 모습을 보이지 않았다. 특히 주장 김은정은 '빙판의 돌부처'라는 별명을 얻을 정도로 표정 변화를 보이지 않았다.

두드림을 향한 염원이 선수들을 한마음으로 만들어줬다. 선수들은 경기 내내 평정심 유지를 위해 휴대전화를 자진 반납하고 외부와 연락까지 차단했다. 두드림을 향한 이들의 독한 마음은 컬링 불모지의 어려움을 딛고 세계 강호를 잇따라 제압하는 마법의 힘을 발휘했다.

팀킴 영웅의 두드림

Do Dream

대한민국 컬링 신드롬을 일으킨 팀킴 선수들은 컬링을 시작하기 전까지 모두 서로 다른 두드림을 갖고 있었다. 평창 올림픽의 최고 유행어 '영미~!'의 주인공인 김영미는 유치원 선생님이 꿈이었고, 대표팀의 바이스 스킵(부주장)인 김경애의 꿈은 직업군인이었다. 김은 정의 고교 시절 장래 희망은 요리사였다. 이렇게 꿈 많던 팀킴은 우연히 컬링을 만났고 새로운 꿈과 희망을 갖게 됐다. 피나는 연습을 통해 차곡차곡 쌓인 실력은 평창 올림픽에서 유감없이 펼쳐졌다.

Do Dream

영웅들의 두드림 따라 하기

✔ 환경 변화에 민첩하게 자신을 변신시켜라.

✔ 나의 두드림을 날마다 생각하고 실천하라.

✔ 항상 노력하고 최선을 향해 도전하라.

✔ 자나 깨나 한결같이 성공 분야를 공부하라.

✔ 오래 버티고 살아남는 방법을 찾아라.

✔ 가치 있는 일을 찾아 끝장을 보라.

✔ 될 때까지 끝까지 기회를 찾아라.

✔ 조급해하지 말고 끝까지 버텨라.

✔ 생각했던 것 이상으로 혼신의 힘을 다하라.

✔ '이만하면 됐다'라는 생각에 멈추지 말라.

✔ '열심히'를 앞세워 '후회 없는 삶'을 만들어라.

✔ 경쟁자는 항상 자기 자신 '나'란 사실을 잊지 말라.

✔ 한계 상황에 직면해도 죽을힘을 다해 버텨라.

✔ 우~와, 감동을 주는 결과를 만들어내라.

✔ 결과보다 과정 속에서 최고의 기쁨을 만끽하라.

✔ '잘될 것이다'라고 믿고 고난을 이겨내라.

✔ 불가능한 일을 기쁜 마음으로 즐겨라.

PART
5

영웅들의 작은 두드림,
큰 기적

청년이여,
지금 시작하라

윈도우를 발명해낸 컴퓨터왕 빌 게이츠, 아이폰을 개발해 스마트폰을 대중화한 IT 거물 스티브 잡스, 세계 최대 SNS 대국을 만든 마크 저커버그 페이스북 창업자, 세계 최대 인터넷 제국을 만든 래리 페이지Larry Page 와 세르게이 브린Sergey Brin 구글 창업자….

이들에게는 어떤 공통점이 있을까. 이들은 세상을 놀라게 한 창업자라는 공통점 이외에 청년 시절 어떤 일을 주저하지 않았던, 꿈을 성취하기 위해 돌진했던 작은 두드림, 큰 기적의 창조자들이다. 그것도 어린 나이에 꿈을 두드렸다. 꿈을 찾아 대학을 과감히 포기하며 중퇴했다.

마이크로소프트MS를 창업한 빌 게이츠와 페이스북을 창업한 마크 저커버그는 19세에, 애플을 창업한 스티브 잡스는 21세에, 구글 창업자 래리 페이지와 세르게이 브린은 25세에 작은 두드림을 시작했다.

그들의 출발은 보잘것없었고 초라했으나 두려움이 없었다. 1974년 12월 어느 날, 마이크로소프트 공동창업자 폴 앨런Paul Allen은 다짜고짜 신문 가판대로 빌 게이츠를 데려가 과학잡지인 〈포퓰러 일렉트로닉스〉의 1월호 표지 사진을 보여줬다. 표지 사진은 '알테어 8800'이라고 불리는 새로운 컴퓨터였다. 이 컴퓨터에 자극을 받은 빌 게이츠는 다니던 하버드대학교를 중퇴하고 앨런과 MS를 창업하는 결단을 내렸다.

애플의 창업자인 스티브 잡스와 로널드 웨인Ronald Wayne은 잡스 아버지의 창고에서 사업을 시작했고, 구글의 창업자인 래리 페이지와 세르게이 브린도 친구의 차고에서 창업했다. 시작은 보잘것없었지만 지금은 세계적인 기업의 선두에 서 있다.

1976년 4월 설립된 애플은 미국 주식시장에 상장된 기업 중 최초로 1조 달러의 가치를 가진 회사가 됐고, 2011년 8월 미국의 석유 기업 엑손을 밀어내고 8년 넘게 시가총액 1위 자리를 지켰다.

구글의 출발은 스탠퍼드대학교 대학원생이던 25세 청년들의 용기와 지도교수의 응원이 계기가 됐다. 창업자 래리 페이지와 세르게이 브린은 당시 나이 24세 때인 1997년 스탠퍼드대학교 연구실에서 혁신적 검색엔진을 만들어냈다. '페이지랭크'라는 수학적 알고리즘을 활용해 사용자에게 중요한 순서대로 검색 결과를 제공하는 서비스였다. 이는 당시 최고의 검색엔진으로 통하던 알타비스타Altavista나 야후Yahoo의 검색 수준을 앞서는 것이었다.

"성공하지 못하면
언제든 돌아와서
박사과정을 마쳐도 좋네!"

지도교수였던 제프리 울먼Jeffrey Ullman 교수는 두 사람에게 학위에 연연하지 말고 대학을 떠나라며 격려했다. 학자가 될 것인지, 사업가가 될 것인지 갈피를 잡지 못했던 두 사람은 학문적 성과에 만족하지 않고, 1998년 세상에 뛰어들기로 결심하며 구글을 창업했다.

두 청년의 작은 두드림은 큰 기적을 만들어냈다. 구글은 순식간에 기존 질서를 뒤엎어버리며 인터넷 이용자들의 열광적인 지지를 이끌어냈다.

SNS 제왕이 된 페이스북의 출발은 하버드대학교 인맥 사이트였다. 이 인맥 사이트는 아주 사소한 일에서 시작됐다. 하버드대학교에서는 다른 학교들과 달리 학생들의 기본적인 정보와 사진 등이 들어 있는 디렉토리(이를 보통 페이스북이라고 한다)를 제공하지 않았다. 이 대학 학생이던 저커버그는 하버드대학교에 페이스북을 만들 것을 제안했다. 하지만 사생활 정보를 모으는 것을 반대하면서 이를 허락하지 않았다.

"그럼 내가 만들어야지."

이렇게 해서 19세 청년은 과감히 하버드대학교를 중퇴하고 페이스북을 창업했다. 교내 인맥 사이트에 불과했던 페이스북은 3년 만에 세계 최대의 소셜 네트워크 사이트로 발전했다.

작은 출발, 지금이 아니면 안 된다는 창업자들의 결단으로 작은 두드림들은 큰 기적을 만들어냈다. 청년이여, 이 책을 읽고 있는 순간 나의 꿈은 무엇인지, 그걸 당장 시작할 가치가 있는지 생각의 두드림에 빠져라. 그리고 지금 그걸 시작하라. 나중에 시작하지 않았던 것을 후회하지 않도록 하라.

작은 두드림이
큰 기적을 만들다

송해, 최장수 국민 MC를 꿈꾸다

송해는 대한민국 최고령 현역 연예인이자 모든 MC들의 롤모델이다. 1927년 4월 27일생으로 1988년 〈전국노래자랑〉 MC를 맡은 이래 30년 넘게 진행을 맡고 있다. 그가 이 프로그램에 모습을 드러내지 않았던 시기는 1994년 5~10월 단 5개월뿐이다.

몇 년이면 교체되는 MC 세계에서 최장수 MC가 된 비결은 무엇일까? 사랑받는 MC, 오래 인정받는 MC가 되겠다는 두드림 덕분이다.

"일요일 정오 '딩동댕~전국노래자랑'은

전 국민의 기대가 큰 만큼

출연진들의 다양한 사연과 노래로

재밌는 프로그램을 만드는 게 핵심입니다."

송해는 방송 소재를 찾아내기 위해 지방 녹화를 갈 때면 꼭 하루 전에 내려간다. 가장 먼저 전통시장으로 달려가 전국 노래자랑이 열린다는 사실을 동네 방방곡곡 알린다. 점심, 저녁에는 동네 이장, 마을 주민들과 소주를 곁들인 식사를 하며 동네 이야기를 취재한다.

막걸리도 한잔하고 목욕탕에 들어앉아서 벌거벗고 마을 사람들 얘기도 듣는다. 특산품이 무엇인지, 출연자 중 어떤 사람이 재미난 사연을 갖고 있는지, 아니면 어떤 장기의 소유자인지 프로그램을 풍성하게 만들 소재를 열심히 찾는다. 모두 송해가 사랑받는 MC가 되기 위해 기울인 두드림들이다.

"저 혼자 장수 프로그램을 만든 게 아닙니다.

출연진은 물론

스태프 전원이 만들어낸 합작품입니다."

송해는 방송 중 악단에서 출연자에 이르기까지 재미를 끌어내기 위해 남다른 희생을 자처하고 단원을 끝까지 배려한다. 역시 인정받는 MC가 되기 위한 두드림에 따른 것이다.

송해가 〈전국노래자랑〉을 맡은 것은 62세 늦깎이 때였다. 60대가 돼서야 행운의 MC 기회가 찾아온 것이다.

"늦은 나이에도 절 믿어주고 끌어주는

제작진과 출연자분들이 없었다면

제 인생은 벌써 주저앉았을지 모릅니다.

결국은 사람입니다.

혼자 이루는 성공은 없죠."

송해가 삶에서 가장 강조하는 부분이 사람이다. 사람들 속에서 울고 웃고 부대끼며 소탈한 자신을 만들었다.

고 정주영 명예회장이 어느 모임에서 송해를 대한민국 제일 부자라고 소개했다. 사람들이 많이 알아주는 사람이 최고 부자라는 뜻에서 한 말이다. 특유의 친근함과 사랑받는 MC가 되겠다는 두드림은 그를 '국민 MC'로 이끌어줬다.

송해의 현재는 저절로 이뤄진 게 아니다. 배우가 되겠다는 꿈을 일찍 부터 두드렸기 때문에 가능했다.

그는 6·25 전쟁 당시 혈혈단신으로 북한에서 탈출했다. 자신의 미래가 암담했다. 스스로를 돌이켜보니 음악학교에 다닌 경험이 소중했다. 가수를 꿈꾸며 무작정 유랑극단을 따라다니기로 했다. 너무 가난해 하루 세끼를 제대로 먹지도 못했다.

하지만 그토록 바랐던 노래를 부를 수 있었다. 그러나 노래로는 앞길이 안 보여 코미디언으로 전환했다. 천상의 콤비 박시명을 만나 인기를 끌었지만, 그는 40대 젊은 나이에 세상을 떠났다. 실의에 빠진 상황에서 3대 독자 아들마저 먼저 떠났다. 하늘이 무너지는 상황에서도 송해는 언제나처럼 평정심으로 '전국~~~ 노래자랑'을 외쳐댔다.

두드림이 송해를 더욱 위대하게 만들어준 것이다. 두드림은 사람을 다시 일어서게 해준다. 슬픔을 딛고 더 큰 미래로 나아갈 힘을 제공한다.

방시혁, BTS를 성공시킬 꿈을 꾸다

방시혁은 작곡가 겸 제작자로 방탄소년단을 세계적인 음악 그룹으로 성장시킨 주인공이다. 이 공로로 2017년 대한민국 콘텐츠 대상에서 대통령 표창을 받았다. 2018년 미국 빌보드가 발표한 '인터내셔널 파워 플레이어스International Power Players'로 선정됐다.

방시혁은 어떻게 방탄소년단을 글로벌 스타로 만들었을까. 작은 두드림이 방시혁을 창업으로 이끌었기 때문이다.

음악 프로듀서를 꿈꿨던 방시혁은 JYP엔터테인먼트에 취업해 박진영으로부터 프로듀싱의 A부터 Z까지 모두 배웠다. 그리고 2005년 독립을 결정했다.

"지금 독립하자.

내가 꿈꾸는 것을

내 방식대로 이뤄내려면

지금 시작해야 한다."

방시혁은 이 같은 두드림으로 빅히트 엔터테인먼트Bighit Entertainment를 창업했다. 그는 회사 대표가 아니라 '프로듀서'로 불러줄 것을 요청했다. 가수를 철저하게 계획적으로 기르는 방식이 아니라 멤버들이 자유롭게 음악을 완성해내는 '자유방임형' 리더십으로 차별화했다.

멤버 각자가 자신들의 음악적 재능, 즉 작은 두드림을 스스로 펼 수 있도록 했다. 시장에서 팔리는 음악이 아닌 '내면의 목소리를 전하는 음악'을 만들 것을 주문했다. 작사·작곡을 모두 멤버들에게 맡겼고, 그 과정에서 소위 '겉멋' 든 음악들은 모두 쳐냈다.

"BTS의 첫 음악적 산물인 학교 3부작,
'얌마 네 꿈은 뭐니 네 꿈은 겨우 그거니'로
시작되는 데뷔곡 〈No more dream〉 가사는
BTS의 창작물이다."

방시혁은 BTS가 갖고 있던 꿈, 사랑, 억압 등과 같은 고민을 음악 속에 집어넣은 것이다.

"음악 메시지를 전달할 때
가장 중요한 건
저희가 진심으로
느끼고 있느냐는 점입니다."

이 같은 방시혁의 리더십은 BTS 음악에 열광하도록 음악 판도를 바꿔놓았다. 하지만 창업 후 5년 동안 임정희, 케이윌, 에이트8cight, 2AM 등 유망주들이 뚜렷한 성과를 내지 못했다. 방시혁은 2010년 들어서야 첫 월급을 받을 만큼 사업은 어려웠다.

그럼에도 방시혁은 '곧 터질 것이다'라는 작은 두드림으로 자신의 음악 철학을 밀고 나갔다. 다양한 시도를 하기보단 하나의 콘셉트에 기반을 둔, 음악성이 단단하고 일관된 '뮤지션 아우라'를 탄생시킨다는 철학으로 첫 아이돌 그룹 방탄소년단을 기획했다.

> "각기 다른 재능과 실력을 갖춘 7명의 멤버들이
>
> '하나의 팀'으로 폭발력을 발휘할 수 있도록
>
> 100여 명에 달하는 빅히트 팀의 주도 하에
>
> 해외 음악 프로듀서, DJ들과
>
> 음악의 방향성을 총괄적으로 맞췄습니다."

이 같은 작은 두드림들은 큰 기적을 만들어냈다. 케이팝이 글로벌 무대에서 새로운 역사를 창조해낸 것이다. 그것도 거대 기획사가 아닌 신설 기획사가 작은 두드림으로 음악만을 앞세워 판을 뒤집어놓았다.

〈Love Yourself〉 4부작 중 승承-전轉-결結이 빌보드 메인 차트인 '빌보드 200' 1위에 두 번이나 올랐다. 아시아 출신 가수로 '빌보드 200' 1위에 오른 건 방탄소년단이 처음이다(이전까지 싸이의 〈강남스타일〉 2위가 최고였다). 미국 뉴욕 유엔본부에서 연설을 하고, 대한민국 대중문화예술상 문화훈장을 최연소의 나이에 받았다.

방시혁이 JYP에서 독립해 한류 스타를 키워내는 프로듀서가 되겠다는 작은 두드림이 없었다면 불가능한 일이었다. 작은 두드림은 대한민국은 물론 세계 음악 역사를 새로 쓰는 기적을 만들었다.

싸이, 월드스타의 꿈을 두드리다

싸이는 가수이자 래퍼, 싱어송라이터, 프로듀서다. 그는 항상 글로벌 스타의 꿈을 두드렸다.

2001년 첫 정규 앨범 〈PSY From The Psycho World!〉로 정식 데뷔했다. "난 완전히 새 됐어"라는 가사의 〈새〉로 데뷔한 싸이는 자신의 코믹한 이미지를 B급 정서로 포장했다. 세련되고 고급스럽기보다 껄렁대며 잘 노는 양아치, 3류로 스스로를 희화화했다.

하지만 흥행 가수로는 인정을 받지 못했다. 그래서 전략을 바꿨다. 국내 가수가 아니라 세계적인 가수가 되겠다는 두드림으로 발상을 전환한 것이다. 냉철하게 가수 싸이는 어떤 사람인지 생각의 두드림에 빠졌다.

"그래, 나는 데뷔 때부터
'비주류 3류'로 희화화된
B급 정서의 대표 주자야."

싸이는 생각의 두드림 끝에 스스로를 B급 정서의 대표 주자로 정의 내릴 수 있었다. 월드스타를 향한 작은 두드림은 철저하게 B급 정서에 맞춰진 음악 〈강남스타일〉을 탄생시켰다.

음악은 세계적으로 인기 있는 일렉트로닉 댄스 팝을 선택했다. 쉽고 중독성 있는 멜로디와 절로 따라 하고 싶은 재미있는 춤을 앞세웠다. 강남을 화려한 강남과 전혀 상관없는 지하철, 동네 놀이터, 사우나의 B급 정서로 표현했다.

마케팅은 기존 방송국이 아닌 유튜브를 선택했다. 해외 활동 계약도 저스틴 비버의 매니저인 스쿠터 브라운Scooter Braun과 체결했다. 월드스타의 두드림에 걸맞은 방향 설정을 한 것이다.

생각의 두드림은 세상을 놀라게 하는 위대한 결과물로 태어났다. 그저 월드스타가 되겠다는 꿈을 펼치려는 작은 두드림으로 시작됐지만 놀라운 기적을 가져다줬다. 단 두 달 만에 싸이는 빌보드 차트 2위에 올랐고 뮤직비디오는 유튜브 공개 52일 만에 1억 뷰, 161일 만에 10억 뷰를 넘어서며 신드롬을 일으켰다. 국내에서도 〈강남스타일〉은 발매 즉시 인기 돌풍을 일으켰다.

"음악을 단순히 듣는 것이 아니라

그것을 따라 하고 즐기는 모습을

영상으로 찍어 다시 공유하도록

유튜브에 최적화했어요."

갈망의 두드림은 유튜브를 가장 잘 이용할 아이디어를 싸이에게 제공했다. 유튜브에서 호시탐탐 재미있는 놀 거리를 찾아 헤매는 유튜버들에게 최고의 콘텐츠로 다가왔다. 〈강남스타일〉은 자연스럽게 '유튜브 프렌들리'한 케이팝이 되었다.

월드스타를 꿈꾸며 B급 정서로 무장했던 싸이는 〈강남스타일〉로 비주류의 아이콘에서 진짜 월드스타로 도약할 수 있었다. 그저 머릿속으로 꿈꿨던 작은 두드림을 실행의 두드림으로 펼쳐 보인 것이 큰 기적을 만들어낸 것이다.

꿈꾸는 게 있으면 청년이여, 지금 시작하라. 그것이 어떤 결과를 가져다줄지 아무도 모른다.

문건영, 한국을 알리는 앵커를 꿈꾸다

문건영 앵커는 아리랑국제방송에서 한국을 전 세계에 알리는 〈아리랑투데이〉를 진행하고 있다. 어린 시절부터 꿈꿨던 두드림대로 앵커가 됐다. 캐나다 토론토대학교를 졸업한 뒤 언론인을 꿈꾸며 미국 컬럼비아대학교 대학원에서 저널리즘을 전공해 석사 학위를 받았다.

졸업 후 꿈을 찾아 연극 및 연예 기획자 등으로 활동하며 꿈을 두드렸다. 방송 쪽에 꿈을 갖고 두드린 결과 교육방송EBS과 교통방송TBS 진행자로 국내 방송계에 입문할 수 있었다.

이 같은 경력을 앞세워 2009년 아리랑TV에 입사했다. 입사 1년여 만에 이례적으로 메인 프로그램의 진행자로 발탁됐다. 이후 서울 주요 20개국G20 정상회의 특집 생방송, 동계올림픽 유치 현장 중계 등을 통해 굵직한 국제행사에 대한 경험을 쌓았다.

"꿈은 꾸는 대로 이뤄지는 것 같아요.

큰 꿈이든, 작은 꿈이든

희망의 끈을 놓지 않는 게 중요한 것 같아요."

문건영은 외교관인 아버지를 따라 세계 각국을 돌아다니며 한국을 알리는 앵커의 꿈을 꾸었다. 우리말과 영어뿐만 아니라 프랑스어, 일본어, 독일어까지 능통한 스스로의 역량을 발휘하는 좋은 기회가 될 것으로 생각했다. 앵커는 문건영에게 위안부 문제를 이슈화하는 데 앞장설 기회를 제공해줬다.

"인류의 보편적 가치에

반하게 행동했던

일본의 만행을

세계인들에게 알리고 싶었습니다."

문건영은 일본군 위안부 문제를 조명한 아리랑TV의 다큐멘터리 〈원 라스트 크라이One Last Cry〉를 통해 일본의 잘못을 전 세계에 알렸다. 한국을 비롯해 중국, 필리핀, 네덜란드 출신 등 피해자 20여 명의 생생한 증언을 담다. 국제법 전문가들을 인터뷰해 국제적 관점의 해법까지 제시했다. 영어로 제작해 전 세계 188개국에 방송했다. 이 다큐멘터리는 인도네시아에서 열린 세계적 인권영화제 '평화·영감·평등 국제영화제IFFPIE 2013'에서 최우수상과 각본상 수상작으로 선정됐다.

앵커가 돼 한국을 세계에 알리는 사람이 되겠다는 작은 두드림은 이 다큐멘터리를 통해 커다란 기쁨으로 돌아왔다. 앵커가 아니면 할 수 없었던 위안부에 대한 문제 제기, 한국의 관점에서 다뤄진 진실된 이야기, 정부와 사회로부터 외면받았던 피해자 이야기 등을 다큐로 담아낼 수 있었다.

"일과가 끝난 후나 주말에
시간을 내서 위안부들을 찾아
중국, 필리핀, 호주를 돌며 촬영했어요.
열두 살 나이에 위안부로 끌려갔던
필리핀 할머니는
진실이 꼭 알려지길 바란다고 했어요."

앵커로 스스로의 역할을 다하겠다는 책임감과 사명감은 문건영에게 큰 자부심을 안겨줬다. 자신이 이뤄낸 앵커의 꿈을 통해 방치돼 있던 위안부 문제를 꺼내 국제적 관심을 일으킬 수 있었다.

꿈이 있다면 두드려라. 그리고 그 꿈을 이뤄내라. 그러면 그 꿈을 통해 수많은 일이 가능해진다.

조시 스미스, 군사 전문기자의 꿈을 이루다

조시 스미스Josh Smith는 세계적인 통신사 로이터Reuters의 국제 군사 전문기자다. 어릴 때부터 기자가 되어 전 세계를 누비는 꿈을 꾸었다. 꿈을 찾아 대학에서도 언론을 전공했다. 학교에서도 대학신문 편집장을 맡아 24시간 뉴스를 쏟아내는 열정을 불태웠다.

그는 미국 워싱턴DC의 〈내셔널 저널National Journal〉에서 기자생활을 시작한 이래 군사 전문기자의 길을 걷고 있다. 군사 기자의 길을 찾아 2011년 전쟁과 테러의 중심지 아프가니스탄 수도 카불로 가서 〈스타스 앤 스트라이프스Stars and Stripes〉 기자가 됐고, 로이터의 카불 특파원으로 더 큰 꿈을 갖게 됐다.

2017년에는 로이터통신 선임특파원으로 한국에 와서 남북 문제뿐만 아니라 한반도 정세, 아시아 지역의 정치·경제·군사·문화 등 다양한 분야를 심층 취재해 전 세계에 전하고 있다.

"기자는 다양한 문제를 찾아내

이슈를 제기하고

사회적 관심을 끌어내

세상을 바꾸는 데 앞장설 수 있죠."

스미스는 2013년부터 5년간 아프가니스탄 카불에서 특파원으로 활약하며 끊임없는 전쟁과 테러의 현장을 보도했다. 그가 꿈꿨던 두드림으로 세상을 바꾸는 위대한 일을 하고 있다.

제인 퍼거슨, 사회 참상 알리는 꿈을 꾸다

제인 퍼거슨Jane Ferguson은 미국 공영방송 PBS의 특별특파원이다. 대학 졸업 후 CNN International 프리랜서 해외 특파원으로 기자생활을 시작해 알자지라 잉글리시Al Jazeera English를 거치며 중동과 아프리카 지역 국가들의 내전을 보도하는 중동 지역 전문기자로 활동하고 있다. 카메라 하나 들고 중동 지역을 돌며 내전으로 고통받는 예멘의 비참한 참상을 알리는 데 앞장서고 있다.

"분쟁 지역의 기근은 인간이

만들어낸 대재앙이라 생각해요.

기자로서 참혹한 현실을 전달해

갈등 없는 세상을 만드는 데 기여하고 싶어요."

전쟁과 내전이 주는 어떠한 위험도 퍼거슨의 강한 두드림을 막지 못했다. 2009년부터 중동 지역을 돌며 내전의 참혹함, 전쟁의 무모함, 인권 유린의 실상 등을 고발하고 있다. 이라크 내 ISIS 소탕 전투, 이스라엘-팔레스타인 분쟁, 레바논 무장단체 헤즈볼라Hezbollah의 시리아 내전 개입 등 다수의 보도를 전했고 예멘 반군 지역을 집중 취재해 미국의 예멘 내전 군사개입 문제에 대한 국제사회의 관심을 모았다.

에밀리 캐시, 탐사 전문기자를 꿈꾸다

에밀리 캐시Emily Kassie는 미국 비영리 및 초당파 언론지 〈더 마셜 프로젝트The Marshall Project〉의 비주얼 프로젝트 디렉터다. 범죄, 마약, 이민자 인권 문제 등을 심층 취재하는 탐사 전문기자로 맹활약하고 있다. 2018년 허리케인 '하비Harvey'로 폐허가 된 미국 텍사스의 현장을 담은 다큐멘터리를 제작해 방송 저널리즘 최고상인 '에드워드 머로우상National Edward R. Murrow Award'을 받았다.

"남들이 보지 못한 곳을 보고
문제점을 찾아내고
개선되는 걸 보는 게 기쁨이죠."

캐시의 두드림은 인권 사각지대를 찾아내 세상에 알리는 것이다. 미국-멕시코 국경지대에서 이주민 수용소 내 성폭력 문제를 집중 취재해 사회적 관심을 끌어냈다. 기자의 꿈을 찾아 그 꿈을 두드리고 그 꿈을 이뤄낸 뒤 더 큰 두드림으로 사회 발전을 이끌고 있다.

올리비아, 외국어 달인을 꿈꾸다

올리비아는 한국계 아버지와 프랑스계 어머니 사이에서 태어났다. 20세까지 프랑스에서 자랐으며 파리 디드로대학교 및 베이징사범대학교에서 중국어와 문화를 전공했다. 이때 외국인을 위한 프랑스어 교수법을 집중적으로 공부했다. 2014년 이화여자대학교에서 국제학 박사 학위를 수료했다.

이 같은 배경 때문에 올리비아는 프랑스어, 영어, 한국어, 중국어, 스페인어 등 5개 국어에 능통한 실력을 갖췄다. 언어적 역량을 앞세워 아리랑TV, 푸드TV, IVI 국제백신연구소, 숙명여자대학교 등 다양한 영역에서 역량을 펼치고 있다.

지금은 국립외교원에서 프랑스어 전임강사로 일하고 있다. 2017년 JTBC〈비정상회담〉을 비롯한 수많은 TV 프로그램에 출연하면서 주목을 받고 있다. 2018 평창 동계올림픽 때는 메달 시상식의 공식 프랑스어 아나운서로 활약했다.

"중국을 배우고 싶어

무작정 중국으로 갔습니다.

그것이 제 삶을 바꿔놓았죠."

올리비아는 고등학생 때부터 중국이 어떤 나라인지 알고 싶은 두드림이 있었다. 그래서 대학생이 되자 베이징사범대학교로 3년간 유학을 떠났다. 동경하던 세상을 찾아 실행의 두드림을 펼친 것이다.

유학생활 중 한 방송국에서 출연 제의가 왔다. 우연히 출연을 했고 방송을 봤던 중국 내 한 대학 총장이 강사를 제안했다. 올리비아는 그 제안을 바로 받아들였다. 이 결정은 올리비아의 운명을 바꾼 전환점이 되었다.

용기 있는 결정은 올리비아에게 많은 가르침을 줬다. 이질적인 문화를 배우며 소통하는 방법을 배웠다. 한국에 와서는 국립외교원 전임강사가 되어 중국과는 또 다른 문화 충격(술을 자주 마시는 문화, 찜질방이나 목욕탕과 같이 여럿이 자는 문화 등)을 겪었다. 다양한 언어를 통해 소통하고 교류하는 두드림으로 올리비아는 여러 사람들과 항상 새로움을 만들어내고 있다.

제프 벤자민, 케이팝 전문가를 꿈꾸다

제프 벤자민Jeff Benjamin은 빌보드 케이팝 칼럼니스트다. 미국 시카고에서 태어난 벤자민은 가수인 어머니의 영향으로 어렸을 적부터 여러 장르의 음악을 접하면서 음악 평론가의 길을 꿈꿨다. 특히 유튜브를 통해 케이팝을 접하며 한국의 발라드, 댄스, 일렉트로닉, 랩이 혼재한 케이팝 장르에 푹 빠지게 됐다.

두드림을 현실로 만들기 위해 벤자민은 뉴욕대학교에 진학해 음악과 언론학을 전공해 두드림에 다가가기 시작했다.

"케이팝을 들으며

오랫동안 듣지 못했던

가장 멋진 팝이라고 생각했어요."

케이팝 전문가를 꿈꾸던 벤자민은 〈빌보드〉에서 인턴으로 일을 시작했다. 편집장에게 케이팝에 대해 기사를 쓰면 어떻겠느냐고 제안했다. 그리고 〈빌보드〉에 처음으로 케이팝 지면을 할애받아 칼럼을 쓰기 시작했다. 이렇게 해서 케이팝 최고 전문가의 꿈을 두드리기 시작했다. 퓨즈TV의 기자이자 편집자로 전문성을 키워나갔다.

케이팝이 히트를 치면서 세계적인 언론사에서 칼럼을 요구했다. 〈뉴욕타임스〉, 〈ABC〉, 〈NPR〉, 〈월스트리트저널〉, 〈CNN〉, 〈USA투데이〉 등에 벤자민의 칼럼과 분석 내용이 소개되면서 그는 순식간에 케이팝 최고 전문가가 됐다.

벤자민은 방탄소년단, 싸이, 엑소, CL, 레드벨벳 등 수많은 한류 스타들에 대해 공부를 하며 전문성을 쌓아나갔다. 케이팝 칼럼니스트라는 타이틀은 벤자민에게 더 큰 경험과 기회를 가져다줬다. 한국은 물론 일본, 영국 등 여러 나라에서 초대를 받아 케이팝을 알리는 전도사가 됐다.

꿈을 이루면 예상치 못했던 새로운 삶이 기다리고 있다.

"저는 한국 음악을

수요자의 입장에서 바라봅니다.

제가 한국 사람이 아니기 때문에

서양인의 시각으로 노래를 분석하죠."

미국인이라는 특성은 벤자민에게 한국 음악을 객관적으로 바라볼 시각을 제공했다.

"한국의 보이 그룹들이

사랑 같은 표면적인 주제에 초점을 맞췄을 때

방탄소년단은 자신들의 이야기를

음악에 녹여냈어요."

벤자민은 방탄소년단의 인기 비결을 '공감'으로 손꼽는다. 어린 시절 왕따를 당한 경험, 사회문제처럼 누구나 공감할 수 있는 키워드를 노래했기 때문에 성공했다는 분석이다.

"케이팝의 매력은 단순히 노래가 아니에요.

노래를 듣다 보면

뮤직비디오에 빠지고

그다음에는 가수들이 출연하는

버라이어티쇼 시청으로 이어지죠."

벤자민은 케이팝의 이 같은 매력이 계속 인기몰이를 할 것으로 전망했다. 음악을 즐기고 이것을 해석하는 재미난 삶을 살고 있는 벤자민. 그는 케이팝 칼럼니스트라는 이색 직업으로 행복한 미래를 만들어가고 있다.

'케이팝 칼럼을 한번 써보면 어떻겠느냐'는 과감한 제언은 그의 작은 두드림을 완성시켜줬고, 나아가 케이팝 칼럼니스트의 꿈을 이루도록 해줬다.

한국뚱뚱, 파워 인플루언서 꿈을 이루다

한국뚱뚱 유지원은 요즘 중국인들이 가장 사랑하는 한국인 왕홍이 됐다. 그는 유창한 언어와 탄탄한 콘텐츠를 앞세워 중국인의 마음을 사로잡고 있다.

인터넷 이름 한국뚱뚱은 유튜브 크리에이터의 꿈을 두드렸다. 유튜브, 페이스북, 인스타그램 등이 금지된 중국의 환경에 맞춰 중국 플랫폼에 자막을 추가한 동영상을 올리는 방식으로 중국 모바일 시장을 파고들었다.

그리고 대표적인 한국인 왕홍이 되었다. 왕홍網紅은 왕뤄홍런網絡網人의 줄임말로 우리나라로 말하자면 유튜브 스타다.

"저도 크리에이터로 성공할 수 있을지
처음에는 반신반의했어요.
하지만 지금 보니
그렇게 주저하거나 어려워할 필요가 없었어요."

한국뚱뚱이 첫 방송을 시작한 것은 2016년이다. 한국과 중국의 문화를 주제로 방송 콘텐츠를 제작해 내보냈다. 놀랍게도 회당 평균 300만 뷰를 기록하며 중국 1020세대들을 매료시켰다.

2017년에는 중국 관영 영자신문사 〈차이나데일리〉가 선정한 '중국인이 가장 사랑하는 외국인' 명단에 한국인으로서는 유일하게 이름을 올렸다.

유지원은 어떻게 빠른 시간에 꿈꿨던 두드림에 다가간 것일까. 스스로 '지금 시작하자'는 과감한 결단이 있었다. 크리에이터로 성공에 대한 확신은 없었지만, 후회할 것 같은 생각에 다니던 회사에 과감히 사표를 던졌다.

콘텐츠 제작 기업에 다니며 배웠던 실력을 활용해 음식, 연예, 패션 등 많은 사람이 공통적으로 관심을 가질 수 있는 대중문화를 주제로 콘텐츠를 제작했다.

중국인이 봐야 하기 때문에 중국 문화를 먼저 이해하려고 노력했다. 중국어와 한국어를 자유자재로 구사해 시청자들에게 친근감을 줬다. 중국을 바라보는 한국인의 솔직한 시선은 중국인들을 매료시켰다.

두드림은 자신이 하고 싶은 일을 하도록 해주면서 스스로를 스타로 만들어준다. 유지원은 스스로 크리에이터의 길을 찾아 특화된 분야에서 자신의 전문성을 만들어 밝은 미래를 만들어가고 있다.

마크 테토, 공익 활동가를 꿈꾸다

마크 테토Mark Tetto는 금융인이자 방송인이다. 미국 뉴욕에서 남부럽지 않게 살던 금융인이었던 테토는 돌연 연고가 없는 한국행을 결심했다. 그냥 한국이 좋아 내린 결정이었다.

"저는 '경험'을 선택했습니다.

고민하기보다는 두렵더라도 도전하고,

직접 경험하는 게 청년정신 아닌가요."

테토의 두드림은 낯선 세상을 경험하며 다양한 경험에 도전하는 것이었다. 이 두드림은 그를 한국으로 이끌었다. 그는 많은 걸 경험하면서 자연스럽게 다음 단계로 넘어가는 것이라고 믿는다. 자신의 직업에 충실하면서 동시에 다양한 경험을 쌓는 게 삶을 풍요롭게 한다는 생각이다. 실제 그는 TCK라는 투자회사에 파트너로 근무하는 투자 전문가다.

공익 활동에도 관심이 많다. 몇 사람과 자선봉사단체인 코리아 레거시 커미티Korea Legacy Committee를 출범시켰다. 한국의 가난한 노인과 미혼모 등 사회적 약자 문제에 대해 젊은 세대와 문제의식을 공유하고 해결책을 모색하기 위한 것이다. 자선 파티를 개최해 참가비와 기업 후원금을 서울 노인복지센터에 기부하는 방식으로 공익 활동을 한다.

"한국의 젊은 사람들은

미국과 비교해

사회적 문제에 적극적으로 참여하는

영 프로페셔널Young Professional이

부족한 것 같습니다."

방송을 시작하면서 테토는 또 다른 행복을 느끼고 있다. 뛰어난 한국어 실력과 한국 문화를 향한 애정, 미국과 한국 등 세계 정세에 관한 폭넓은 지식으로 자신의 경험을 공유한다. 우연히 친구와 한옥을 구경하고 한옥의 아름다움에 반해 바로 이사를 결심했다. 이것도 경험에 대한 두드림이 테토의 마음을 움직인 것이다.

인생은 스스로가 방향을 정해 두드리는 대로 결정된다. 내가 두드리고 싶은 꿈은 무엇인지, 내가 두드리고 싶은 일은 무엇인지 빨리 찾아내야 한다.

유현준, 공간 창조자를 꿈꾸다

유현준 홍익대학교 건축대학 교수는 한국을 대표하는 미래 건축설계자다. 연세대학교 졸업 후 미국 메사추세츠공과대학교MIT와 하버드대학교에서 건축설계를 전공했다. 그의 어린 시절 두드림은 건축가였고, 그 꿈을 이뤄 지금은 한국 건축학의 대가가 됐다.

유현준은 왜 건축가의 꿈을 두드린 것일까.

"사람이 사는 공간을

아름다우면서 실용적으로

창조해낸다는 것은 설레는 일입니다."

유현준은 공간 창조자를 꿈꿨다. 이 꿈을 향해 건축공학과 건축설계를 공부하며 꿈을 두드렸다.

〈명견만리〉, 〈알쓸신잡2〉, 〈어쩌다 어른〉, 〈20세기 소년 탐구생활〉 같은 방송 출연과 '도시 이야기'(《조선일보》), '유현준의 도시와 건축'(《중앙선데이》), 'I ♥ 건축'(《매일경제》) 같은 칼럼을 통해 건축에 대한 일반인의 이해의 폭을 넓혔다.

"공간이 사람을 만듭니다."

이 같은 유현준의 철학은 그가 설계한 건축물에 고스란히 녹아 있다. 유 교수가 설계한 플로팅 하우스, 머그학동, 압해읍 종합복지회관 등은 모두 '관계를 어떻게 컨트롤할 것인가'라는 고민에서 시작됐다. 단순히 공간을 구획하는 것을 넘어 사람들이 공간 너머로 서로를 바라볼 수 있는지, 바깥 경치를 음미할 수 있는지 등 관계에 따라 달라지는 시각적 해석을 건축물로 풀어낸다.

공간 창조자를 향한 두드림은 그에게 독특한 건축 철학을 가져다줬다.

"건축이란 일들은
궁극적으로는 사람의 삶을 디자인하는 것입니다."

유현준은 "우리가 벽돌을 쌓아 집을 짓고, 도로를 깔고, 지붕을 만들고, 창문을 만드는 모든 일은 궁극적으로는 사람의 삶을 디자인하는 것"이라며 "건축물은 다양한 개인들이 모여서 이룬 사회의 복잡하고 심오한 삶들을 잘 담아내야 한다"고 말한다.

그러기 위해서는 이 세상에 하나밖에 존재하지 않는 대지에 대한 철저한 이해가 바탕이 돼야 한다는 것이다. 세상을 디자인하는 사람이 되겠다는 두드림은 새로운 삶의 공간을 만들어내는 공간 창조자를 만들어주고 있다.

카일 랜드, 가상현실로 미래를 그리다

카일 랜드Kyle Rand는 요양 시설에 거주하는 고령자를 위한 가상현실VR: Virtual Reality 플랫폼 회사 렌데버Rendever의 CEO이다. 랜드는 사회적으로 고립돼가는 자신의 할머니를 보고 아이디어를 떠올려 2016년 가상현실 기반의 헬스케어 스타트업을 창업했다.

렌데버는 현재 미국 50개 주를 비롯해 전 세계 10개국의 고령자에게 가상현실 기술을 활용한 서비스를 제공하고 있다. 특히 사회와 떨어져 고립감과 우울함을 느끼기 쉬운 요양 시설의 노인에게 렌데버의 VR 헤드셋과 맞춤형 소프트웨어는 새로운 세계를 열어주고 있다.

"저는 지금 제가 알지 못했던
세계의 일부를 알게 됐습니다."

렌데버의 서비스를 경험한 한 노인이 남긴 감동적인 소감이다. VR 헤드셋은 노인들에게 어린 시절의 고향, 추억이 담긴 여행지, 스포츠 경기, 친지 결혼식 등을 볼 수 있게 해 심리적인 안정감을 느끼게 해준다. 또한 노인들에게 새로운 자극을 주어 건강 회복을 유도하는 데 큰 도움이 되고 있다.

세미노와 리에델, 가장 빠른 열차를 꿈꾸다

가브리엘 세미노Gabriele Semino와 마틴 리에델Martin Riedel은 세계에서 가장 빠른 교통수단을 연구하고 있는 대학원생들이다. 현재 독일 뮌헨공과대학교Technical University of Munich에서 각각 응용물리학과 컴퓨터공학 석사과정을 밟고 있다.

이들은 어떻게 세계에서 가장 빠른 차를 만들겠다는 꿈을 꾸고 있는 걸까. 전 세계가 이론적으로 존재하는 하이퍼루프라는 '꿈의 열차'를 만들 꿈을 두드리고 있고, 두 청년이 이 꿈을 이루는 데 도전장을 냈다.

하이퍼루프는 2013년 일론 머스크에 의해 제안된 개념으로 대도시 지하에 공기 저항이 거의 없는 통로를 만들어 고속철보다 4배나 빠른 시속 1,200km로 이동할 수 있는 미래 교통수단이다.

이 열차를 서울과 부산 사이 400km 구간에 구축하면 무려 단 20분 만에 서울에서 부산을 가는 이동혁명이 일어난다. 미국 로스앤젤레스LA에서 샌프란시스코까지 610km를 35분 만에 주파가 가능하며, 이는 보잉 787 항공기(최고 시속 1,040km)보다도 빨리 달린다.

친구 사이인 세미노와 리에델은 이 꿈의 열차를 직접 만들겠다는 꿈을 두드렸다.

"공학도로서

세상을 바꾸는 역사적인 일에

도전하고 싶었습니다."

두 사람은 테슬라의 창업자 일론 머스크가 주최하는 '2017년 스페이스X 하이퍼루프 파드 경진대회SpaceX Hyperloop Pod Competition 2017'에 도전장을 냈다. 머스크는 전 세계의 팀이 모여서 이 개념을 연구하도록 권장하고, 스페이스X는 1년에 한 번 학생들을 대상으로 경진대회를 연다.

첫 두드림은 가슴 벅찬 도전이었다. 세미노와 리에델의 팀이 제작한 하이퍼루프는 시속 324km와 467km로 가장 빠른 속도를 기록했다. 이들은 참가자 중에서 가장 빠른 열차를 만들어 우승을 차지했다. 이들이 개발한 하이퍼루프가 상용화된다면 비행기보다 더 빠른 세상이 열리게 된다. 지구상에 존재하지 않는, 세상에서 가장 빠른 열차를 만들겠다는 두 청년의 두드림이 이뤄진다면 인류의 교통 역사는 획기적으로 바뀌게 될 것이다.

큰 꿈을 두드려라. 그러면 더 위대한 결과가 나올 것이다. 안 된다고 두드림을 멈추지 말라. 포기하지 않고 끝없이 꿈을 두드리는 사람만이 원하는 두드림을 얻게 될 것이다.

주저하지 말라. 얻고자 하는 게 있으면 지금 당장 두드려라. 멈칫멈칫하지 말고 지금 당장 시작하라.

강경화, 유리천장을 깨는 꿈을 꾸다

대학을 졸업한 22세의 사회 초년생 강경화 외교부 장관은 PD 겸 아나운서로 사회생활을 시작했다. 강경화의 두드림은 유리천장을 뚫어 최초·최고로 인정받는 사람이 되는 것이었다. 그녀는 이를 위해 새로운 기회를 찾는 도전을 멈추지 않았다.

강경화의 이 같은 두드림은 그녀를 대한민국 최초의 여성 외교부 장관으로 만들어줬다. 그것도 외무고시 출신도 아닌 사람, 국내 아무런 기반도 없는 국제통, 유엔이라는 글로벌 무대에서 실력만으로 승부를 걸었던 여성이 만들어낸 큰 성과였다.

아나운서로 사회생활을 시작했던 강경화는 해외 유학으로 운명을 바꾸는 실행의 두드림을 시작했다. 유학이라는 작은 두드림은 그녀의 미래를 활짝 열어줄 것으로 믿었다.

"더 큰 꿈을 이루려면

더 큰 세상에서

더 많은 공부를 해서

실력을 쌓아야지."

미국 유학을 통해 박사 학위를 받은 강경화는 교수, 국회의장 비서관으로 자신을 성장시키며 한 단계씩 발전시켜나갔다. 1998년에는 김대중 정부에서 외교부 국제 전문가로 특채되어 외교관으로 운명을 바꿨다. 외교관은 더 많은 기회를 강경화에게 가져다줬다.

1997년 김대중 대통령의 통역사로 발탁된 것이다. 이어 1999년 외교통상부 홍순영 장관의 보좌관으로 발탁됐다. 최선을 다하는, 실력으로 승부를 거는 꿈을 향한 두드림이 그녀를 승승장구의 길로 이끌어줬다.

2005년 외교통상부 국제기구국장을 맡으면서 국제무대에서 실력을 인정받는 계기를 만들었다. 이것이 계기가 돼 코피 아난Kofi Annan 유엔 사무총장 시절인 2006년 유엔 인권고등판무관실 부판무관으로 발탁됐다. 한국인으로 처음 있는 일이었다. 눈부신 활약으로 2009년에는 유엔 인권최고대표사무소 부대표에 이어 2013년에는 유엔 인도주의업무조정국 사무차장보에 임명되었다.

유엔의 정책특별보좌관으로 활동 중이던 강경화는 2017년 6월 대한민국 70년 외교부 역사 최초의 여성 장관으로 임명됐다. 아나운서였던 강경화는 두드림을 찾아 유학을 단행했고, 이 유학은 그녀를 세계적인 인물로 성장할 수 있는 역량을 심어줬다.

하정우, 천만배우를 꿈꾸다

하정우는 국민 누구나 '믿고 보는 천만배우'다. 하지만 천만배우가 되기까지 그는 수많은 오디션에 떨어졌고 탤런트 공채시험에도 떨어졌다. 그래도 잃지 않은 두드림이 하나 있었다.

"언젠가는 꼭 천만배우가 돼야지."

이 두드림으로 그는 실력을 쌓았다. 아버지가 중견 배우 김용건이지만, 그는 아버지의 이름을 어느 누구에게도 말하지 않았다. 아버지의 후광 없이 실력으로 승부를 걸겠다는 자존심이 강했기 때문이다.

두드림을 향한 출발은 험난한 과정의 연속이었다. 대학입시에 낙방했다가 재수 끝에 중앙대학교 연극영화과에 97학번으로 입학할 수 있었다. 두드림에 다가가는 것 같았다.

"배우로 성공하려면

연기력이 있어야 해."

20세 대학생 하정우는 현역에 입대해 10여 편의 국군 홍보영화를 찍으며 실력을 키웠다. 배스킨라빈스 TV 광고도 찍으며 CF에 출연했다. 제대한 하정우는 〈카르멘〉, 〈오델로〉 등 다양한 연극에 출연하며 연기 실력을 쌓았다. 노력하는 사람에게 기회는 오는 법이다.

27세 때이던 2005년, 그는 독립영화 〈용서받지 못한 자〉에서 말년 병장 태정 역을 맡아 처음으로 주연을 하게 됐다. 영화는 윤종빈 감독의 중앙대학교 영화학과 졸업 작품으로 군대로 대변되는 우리 사회의 집단적 폭력과 모순을 그린 수작이라는 평을 받으며 큰 주목을 받았다. 제59회

칸 국제영화제 '주목할 만한 시선' 부문에 초청되어 처음으로 칸 레드카 펫을 밟았다.

이 자리에 서기까지 수많은 오디션에 떨어졌다. 그래도 하정우는 스스로를 탓하며 실력을 쌓았다. 연예 매니지먼트사 iHQ와 계약을 체결하고, 이때부터 본명 김성훈 대신 하정우라는 예명을 쓰기 시작했다.

하정우는 자신의 재능을 가장 잘 살리는 게 성공의 지름길이라고 믿고 있다. 그리고 이 재능을 살리기 위해 피나는 노력을 아끼지 않았다.

"배우의 생명은 연기력입니다.

그 연기력은 남이 만들어주지 않습니다.

작품을 철저히 이해하고

상상력으로 대본 속의 인물을 창조해내야 합니다."

하정우는 그만큼 배우의 기본기에 충실하기 위해 노력했다. 하정우는 '배우의 미래는 연기에 있다'는 강한 믿음을 갖고 있다. 이 믿음은 연기에 대한 두드림으로 이어져 하정우는 독보적인 천만배우의 자리에 올랐다.

서장훈, 스타를 꿈꾸다

서장훈은 스타를 꿈꿨다. 그 꿈은 이뤄져 농구 스타에서 지금은 연예계 스타로 맹활약하고 있다. 어떻게 그는 전혀 다른 분야에서 스타의 꿈을 이뤄냈을까.

서장훈은 7세 때 야구 선수로 운동을 시작했다. 중학교 때 농구로 종목을 바꾼 서장훈은 농구 특기생으로 운명을 바꿨다. 중3 때 키가 폭풍 성장하면서 키 207cm의 거인 센터로 자리 잡게 됐다. 특히 1년 후배인 현주엽과 함께 휘문고를 고교 정상급 팀으로 이끌면서 주목을 받기 시작했다.

서장훈의 두드림은 압도적인 실력으로 최고의 농구 선수가 되는 것이었다. 탁월한 신체 조건에 기술력까지 갖춘다면 스타 선수가 될 수 있다고 확신했다.

"팬들이 열광하는 모습을 볼 때마다

멋진 선수가 되겠다고 다짐했어요."

서장훈은 체력을 단련시켜 힘을 키우고 여기에 민첩함까지 갖춰 공격

기술에 능숙한 농구 감각을 키우는 데 주력했다. 몸집만 큰 선수가 아니라 기량이 뛰어난 선수가 되기 위해 남몰래 밤낮을 가리지 않고 슈팅 연습을 했다.

이같이 남달리 노력한 결과 서장훈은 센터 자리를 지키면서 연세대학교를 농구대잔치 최초의 대학팀 우승으로 이끄는 데 기여했다. 특히 20세 서장훈은 공포의 선수로 떠올랐다. 스타 선수이자 국보급 센터가 되었다. 그는 KBL 통산 최다 득점(13,231점), KBL 통산 최다 리바운드(5,235개)의 대기록을 세우며 39세에 은퇴를 결정했다.

서장훈은 은퇴 후 방송인으로 제2의 두드림에 도전했다. 강호동의 뒤를 이어 자신을 성공적인 연예인으로 탈바꿈한 것이다. 지적인 까칠남 이미지, 재치 있는 말솜씨와 똑똑한 모습으로 뇌섹남, 서셀럽, 뇌섹거인이란 별명까지 얻으며 스타의 꿈을 두드렸다.

"제게 예능감이 있다는 사실을

알게 됐어요.

그 이후로 승부사적 기질로

연예계에서도 살아남아야겠다고 다짐했죠."

서장훈은 연예계에서 살아남는 것도 스포츠와 마찬가지로 '승부'라고 생각했다. 평생 승부의 세계에서, 이겨야 살아남는 곳에서 생활해왔기 때문에 연예계의 경쟁에서도 이기는 연예인이 되겠다는 전략을 세웠다. 그 결과 다양한 프로그램에 출연하며 자신의 입지를 넓혀갈 수 있었다.

서장훈은 녹화 전날이면 큰 경기를 앞둔 농구 선수처럼 컨디션 조절에 집중한다. 방송 주제에 따라 미리 신문, 책 등을 꼼꼼히 읽으며 공부한다. 이 같은 준비는 그를 스타 연예인으로 다시 태어나게 해줬다.

작은 두드림 따라 하기

✔ 작은 두드림이 큰 기적을 만든다고 믿어라.

✔ 내가 꿈꾸는 게 무엇인지 자신에게 물어보라.

✔ 내가 잘할 수 있는 게 무엇인지 자신에게 물어보라.

✔ 작은 두드림을 당장 시작하라.

✔ 작은 두드림을 완성하면 큰 두드림에 도전하라.

✔ 큰 두드림도 작은 두드림부터 시작된다.

✔ 큰 두드림을 이루려면 수없이 작은 두드림을 두드려라.

✔ 두드리고 또 두드리면 이뤄진다고 믿어라.

✔ 몇 번 두드려 안 된다고 포기하지 말라.

✔ '이것이다'라는 생각이 들면 당장 시작하라.

✔ 방향이 정해지면 주저하지 말라. 우물쭈물하지 말라.

✔ 작은 첫걸음이 위대한 결과를 가져온다고 믿어라.

✔ 시작은 미약하나 결과는 창대하리라 믿어라.

✔ 티끌 모아 태산이다. 작은 두드림으로 꿈을 두드려라.

✔ 작은 두드림이 인생을 바꾼다고 믿어라.

✔ 뭔가를 이루려면 작은 두드림부터 시작하라.

✔ 작은 시도를 소중하게 생각하라.

PART
6

두드림 실천법

당장 세 가지 두드림을
시작하라

이제 나의 두드림을 '내 것'으로 만들어야 한다. 두드림이 가져다주는 놀라운 성공 비밀을 알고만 있어서는 안 된다. 적극적으로 내가 '성공의 주인공'이 되기 위해 노력해야 한다. 꿈을 이뤄주는 비밀, 두드림을 날마다 두드려야 한다.

두드림이 알려주는 '갈망–생각–실행'의 세 가지 두드림을 당장 시작하라. '두드림의 성공 법칙'을 주변에 알려라. 두드림의 성공 비밀을 친구에게 알리고, 형제자매에게 알리고, 동료에게 알려 누구나 성공하는 국민 성공 시대를 만들어야 한다.

그렇다면 성공을 하기 위해 어떤 일부터 시작하면 좋을까?

성공을 꿈꾼다면 당장 세 가지 두드림을 시작하라.

두드림은 원하는 것을 갖도록 해줄 것이다. 꿈꾸는 것을 성취하도록 해줄 것이다. 어떤 것이든지 두드림을 시작하라. '갈망–생각–실행'의 세 가지 두드림을 시작하면 우리를 두드림의 최종 목적지인 성공의 길로 안내해줄 것이다.

두드림의 원천은 '갈망'에서 시작된다.

막연하지만 인생에서 가슴 뛰게 하는 일은 없었는가? 꼭 해보고 싶은 일은 없었는가? 적성과 소질에 맞지 않지만, 그래도 왠지 당기는 일은 없었는가? 텔레비전과 영화를 보면서 따라 하고 싶은 일은 없었는가? 막연히 박사가 되고 싶고 1등을 하고 싶었던 적은 없는가? 길거리 높은 빌딩을 보고 저것이 내 것이었으면 하고 생각해본 적은 없는가? 100억짜리 복권에 당첨됐으면 좋겠다고 생각해본 적은 없는가? 경품 추첨 때 자동차나 해외여행 상품에 당첨되길 기도한 적은 없는가? 암에 걸린 사람의 기적 같은 치료를 빌어본 적은 없는가? 크루즈를 타고 세계여행을 꿈꿔본 적은 없는가? 1등을 꿈꾸고 합격을 기원하고, 승진을 기나리고 있지는 않은가? 당장 직장을 때려치고 싶지는 않은가? 당장 창업해 부자가 되고 싶었던 적은 없는가?

갈망을 내 것으로 만들려면 대상을 압축해야 한다.

사람들은 누구나 갖지 못한 것, 이루지 못한 것을 갖고 싶어 한다. 그런데 모두 원하는 것을 갖게 되는 것은 아니다. 갈망이 큰 사람이 더 많은 것을 얻게 된다. 갈망이 없으면 아무것도 얻게 되는 것이 없다. 너무 많은 것을 갈망해서도 안 된다. 꼭 성취하고 싶은 몇 가지를 선택해서 집중적으로 갈망해야 한다. 그래야 그 갈망을 내 것으로 만들 수 있다. 갈망하는 대상을 정했다면 갈망에 다가가는 방법을 고민해야 한다. 갈망을 내 것으로 만들 수 있는 수많은 방법을 생각해내야 한다.

갈망의 대상이 압축되면 생각의 두드림을 작동시켜야 한다.

생각은 좀 더 구체적이고 성취 가능한 것이어야 한다. 너무 황당한, 생각의 늪에 빠져서는 안 된다. 지나치게 무모하고, 지나치게 상상력을 갖는 것도 좋다. 하지만 갈망에 다가가는 한 걸음, 한 걸음이 원대한 꿈에 점차 다가가는 것들이어야 한다.

생각이 정리되면 이번에는 행동에 옮겨야 한다.

'실행의 두드림'이 가장 중요하다. "천리 길도 한 걸음부터"라는 말처럼 높은 곳에 올라가려면 낮은 곳에서부터 시작해야 한다. 내가 이뤄낼 수 있는 것부터 차근차근 성취해가야 한다. 100층 빌딩에 오르는 것도 맨 바닥부터, 1층부터 시작된다. 그래야 그 꿈이 내 것이 된다.

한꺼번에 어떤 것도 성취할 수 없다. 한 걸음, 한 걸음 소처럼 뚜벅뚜벅 걸어갈 때 어느 순간 목적지에 다가가게 된다.

이 과정에서 최선을 다한 사람에게는 운과 복이 따른다. '운칠복삼運七福三'은 아무에게나 오지 않는다. 무엇인가를 두드리는 사람에게 온다. 두드리면 저절로 뭔가가 이뤄지는 신기한 일들이 생기게 된다. 누구나 그런 경험을 했을 것이다.

두드림 실천법 1

- **세 가지 두드림을 시작하라.**
  - ▶ 갈망의 두드림을 시작하라.
  - ▶ 생각의 두드림을 작동시켜라.
  - ▶ 실행의 두드림에 올인하라.

갈망의 두드림	생각의 두드림	실행의 두드림
가수 되기	노래 실력 키우기	하루 10시간 연습하기
	오디션에서 1등 하기	오디션에 도전하기
	가수 된 뒤 모습 상상하기	롤모델 상담 받기
	⋮	⋮

- **두드림의 경험을 널리 전파하라.**
  - ▶ 나의 경험담을 널리 알려라.
  - ▶ 나의 경험담을 명언으로 정리하라.
  - ▶ 경험을 큰 두드림으로 발전시켜라.

날마다 두드림하라

성공한 사람은 누구든지 두드림Do Dream을 실천한 사람들이다. 두드림은 말 그대로 '꿈꾸고Dream 도전하라Do'는 뜻이다. 또 다른 의미로 '꿈꾸고 Dream 두드리라Do'는 의미다. 두드림은 꿈을 두드리고 또 두드리라는 강한 메시지를 담고 있다.

꿈만 꾸고 두드리지 않는 사람은 그 꿈을 성취할 수 없다.

따라서 꿈을 꾸는 사람은 반드시 도전이라는 실행이 뒷받침돼야 한다. 닫힌 문을 열려면 두드려야 한다. 북소리를 내려면 북을 두드려야 한다. 꿈을 이루려면 꿈을 두드려야 한다.

어떤 꿈이든지 쉽게 열리는 꿈은 꿈이 아니다. 한 번 두드려서 쉽게 열리는 꿈은 아무나 할 수 있는 꿈이다. 큰 꿈을 꾸고 그걸 두드려야 한다. 두드리고 또 두드리고, 나를 좌절시키더라도 두드려서 열리게 하는 도전 정신이 바로 두드림의 정신이다.

큰 두드림(꿈꾸고 도전하라)에 나선 사람들은 꿈을 대하는 자세에서 한 가지가 특별했다. 그 특별함은 나는 할 수 있다는 캔두 정신이다. 원대한 꿈을 이루고자 하는 사람은 꿈을 꾸고 그 꿈을 이룰 수 있는 자신감, 캔두 정신이 강렬했다. 도전 정신이 남달랐다. 남다른 개척 정신으로 강한 실행력을 갖고 있다. 불가능을 가능으로 바꿨고 상상을 현실로 만들었다.

성공하려면 날마다 두드림해야 한다.

꿈을 가슴속에 담고 그 꿈을 잊지 않도록 날마다 두드림을 실천해야 한다. 바로 꿈을 펼치는 것은 '꿈꾸고 도전하는 것Dream it, Do it', 다시 말해 두드림Do Dream을 하는 것이다. 두드림을 멈추면 꿈은 멀리 달아나 버린다.

두드림 실천법 2

- **날마다 두드림하라.**
  - ▶ 꿈꾸고 도전하라.
  - ▶ 꿈꾸고 그 꿈을 두드려라.
  - ▶ 두드림을 하루도 잊지 말라.

- **캔 두 정신을 가져라.**
  - ▶ "나는 성공할 수 있다"라고 외쳐라.
  - ▶ '나는 할 수 있다'고 최면을 걸어라.
  - ▶ 도전하면 이뤄진다고 확신하라.

- **도전 정신을 가져라.**
  - ▶ 무모하더라도 도전하라.
  - ▶ 도전으로 운명을 바꿔라.
  - ▶ 도전으로 행복을 만들어라.

소원 목록을
만들어라

새해, 생일, 기념일, 실패, 특별한 일 등을 계기로 하고 싶은 일, 도전하고 싶은 일을 중심으로 소원 목록을 만들어보자.

"살을 빼자."

"담배를 끊자."

"부모님과 효도여행을 떠나보자."

"인기가요 10곡을 배워보자."

"버킷 리스트를 만들자."

작은 소망에서 큰 소망에 이르기까지 소망 목록Wish List은 사람에게 어떤 일을 하고 싶은 에너지를 준다. 소망 목록을 만들어보면 세상엔 정말 할 일이 많다. 갖고 싶은 게 많다. 해보고 싶은 일들도 많다.

소망 목록 가운데 버킷 리스트가 있다.

이 버킷 리스트Bucket List는 살아 있을 때 꼭 해보고 싶은 일을 적은 목록을 가리킨다. '죽다'라는 뜻으로 쓰이는 속어인 '킥 더 버킷Kick the Bucket'으로부터 만들어진 말이다. 올가미를 목에 두른 뒤 뒤집어놓은 양동이Bucket에 올라간 다음 양동이를 걷어차 처형했다는 데서 유래했다.

사람이 죽기 전에 꼭 해보고 싶은 일은 하고 죽어야 한다. 최소한 도전이라도 해봐야 한다.

나이가 적은 사람은 정말 많은 일에 도전할 수 있다. 나이가 들수록 사람들은 자신감을 잃게 되고 그냥 포기하는 일이 많아지게 된다. 그것은 자신의 삶을 재미없게 만든다. 희망 있고 설레는 삶을 만들려면 기다려지는 것, 가슴 뛰는 것, 해보고 싶은 것을 찾아내야 한다. 그것이 삶의 보람과 의미를 찾아다준다.

버킷 리스트를 만들어 죽기 전에 아쉬움이 없도록 인생을 풍요롭게 만들어야 한다. 좀 더 젊었을 때, 한 살이라도 더 젊을 때 도전해야 아쉬움이 줄어든다.

사람은 하고 싶은 수많은 일 가운데 꼭 하고 싶은 일 몇 가지를 정리할 필요가 있다. 아름다운 여인과 데이트하기, 소위 백마 탄 남자와 사귀기, 혼자 여행하기 등 그냥 생각만 해도 설레는 일이 있다. "엄마, 아빠 사랑해요." "누나, 오빠 고마워" 등 평소 하고 싶은 말을 못 해 후회하는 경우도 많다.

버킷 리스트를 만들어보면 많은 사람이 후회를 하게 된다. 할 수 있는 일을 못 했다는 후회가 대부분이다. 버킷 리스트는 우리에게 무엇을 가르쳐줄까. 우리가 인생에서 가장 많이 후회하는 것은 한 일들이 아니라, 하지 않은 일들이라는 아주 단순한 진리다.

부모님이 돌아가신 뒤에 '살아 계실 때 자주 찾아뵐걸', '따뜻한 말이라도 할걸'이라고 후회하는 일이 없어야 한다. '건강할 때 좀 할걸', '아프고 나서 건강관리 좀 할걸' 이렇게 후회해서도 안 된다.

두드림 실천법 3

- **소원 목록을 만들어라.**
  - ▶ 오늘 하고 싶은 일을 적어라.
  - ▶ 이번 주 하고 싶은 일을 적어라.
  - ▶ 이번 달 하고 싶은 일을 적어라.
  - ▶ 6개월 안에 하고 싶은 일을 적어라.
  - ▶ 1년 안에 하고 싶은 일을 적어라.

- **버킷 리스트를 만들어라.**
  - ▶ 죽기 전에 하고 싶은 일을 적어라.
  - ▶ 언제, 어떻게 실천할지를 적어라.
  - ▶ 반드시 실행할 방법을 모색하라.

실행 목록을
만들어라

두드림의 대상이 정해지면 실행 목록, 즉 '두 리스트Do List'를 만들어야 한다. 두 리스트를 만드는 일은 목표에 다가가기 위해 내가 할 수 있는 일의 우선순위를 정하는 일이다. 나중에 '내가 만일 ~를 했더라면 지금 어떻게 됐을 텐데'라고 말하는 일이 있어서는 안 된다. '~했다면'이라고 나중에 후회할 만한 일들을 이제 '지금 당장 하자'는 내용을 담아 두 리스트를 만들어야 한다.

"지금 당장 영화를 보자."

"이번 달에는 가족과 놀이동산에 가자."

"올해에는 한 번이라도 해외여행을 가보자."

"올해는 영어 공부를 좀 해보자."

"부모님과 여행을 가보자."

"기타를 배워보자."

"다이어트를 해보자."

"당장 담배를 끊자."

"책을 꼭 읽자."

생각해보면 해야 할 실행 목록이 무한대로 만들어질 수 있다. 실행 목록을 만들 때 중요한 것은 내가 처한 환경에서 성공을 위해 실행해야 할 가장 작은 일부터 시작하는 것이다. 너무 큰 일부터 시작하면 쉽게 지치게 된다.

아주 사소해 보이지만, 실행할 경우 커다란 성과를 안겨줄 수 있는 작은 아이템을 찾아 차근차근 큰 꿈에 다가가야 한다. 예를 들어 주변에 다가가고 싶은 사람이 있으면, 인사부터 잘해야 한다.

A+ 학점을 받으려면 어떻게 해야 할까? 방금 싸운 친구와 화해하려면 어떻게 해야 할까? 가장 쉽게 할 수 있는 간단한 실행 목록부터 만들어 실천해야 한다.

진급하려면 어떻게 해야 할까? 마음에 드는 남자 혹은 여자에게 다가가려면 어떻게 해야 할까? 해외연수 기회를 잡으려면 어떻게 해야 할까?

실행 목록부터 만들어라.

두드림 실천법 4

- **실행 목록을 만들어라.**
  - ▶ 오늘 해야 할 일을 적어라.
  - ▶ 이번 주 해야 할 일을 적어라.
  - ▶ 이번 달 해야 할 일을 적어라.
  - ▶ 3~6개월 안에 해야 할 일을 적어라.
  - ▶ 1년 안에 해야 할 일을 적어라.
  - ▶ 3년 안에 해야 할 일을 적어라.
  - ▶ 100세까지 나의 미래를 적어라.

- **실행하지 못한 계획의 목록을 만들어라.**
  - ▶ 왜 못 했는지 이유를 적어라.
  - ▶ 언제 다시 할 계획인지 시점을 적어라.

금지 목록을
만들어라

　할 일 목록, 즉 실행 목록을 만들 때는 반드시 '하지 말아야 할 일 목록Don't List'을 함께 만들어야 한다. 금지 목록을 만들 때는 주변 친구와 동료, 부모님, 멘토 등의 의견을 청취해야 한다. 내가 하지 말아야 할 '그것'이 무엇인지 주변에 물어보라. 친구에게 내가 하지 말아야 할 금지 목록을 적어보라. 부모에게 내가 해서는 '안 될 말'을 적어보라. 선후배와 동료, 상사, 협력회사 직원에게 내가 해서는 '안 될 행동'을 적어보라.

　금지 목록은 내가 갖고 있는 좋지 않은 습관, 언행, 태도, 버릇 등이 대부분이다. 권위적인 태도, 거만함, 오만함, 무시, 갑질 등 나의 평판을 갉아먹는 것들이다. 동시에 개인의 경쟁력을 잃게 할 정도로 불필요한 일들이다.

세계적인 경영의 구루 톰 피터스Tom Peters는 "우리의 일상적인 활동의 50~60%는 불필요한 일들로 가득 차 있다"고 말한다.

무슨 말인가? 소중한 시간의 50~60%가 잘못 이용되고 있다는 뜻이다. 너무 과다하게 평가된 것일 수도 있다. 왜냐하면 우리가 하는 일 가운데 불필요하다고 생각되는 것도 사실은 꼭 필요한 일일 때가 많기 때문이다.

우리는 하기 싫은 일도 해야 하고 참석하기 싫은 모임에도 가야 할 때가 있다. 이른바 '정무적 판단'을 통해 인간관계를 위해 자기희생을 해야 할 때가 많다.

지금 당장 나에게 아무 도움이 되지 않지만, 장차 도움이 필요한 분의 모친상에 가야 할지 말아야 할지를 판단하는 것도 정무적인 결정이다. 금지 목록을 만드는 것은 이런 정무적 판단을 말하는 게 아니라 정말 할 필요가 없는 일을 적은 목록을 말한다. 따라서 '할 일 목록'의 우선순위는 금지 목록을 토대로 해야 한다. 금지 목록을 만드는 이유는 '할 일'의 성과를 극대화하기 위한 것이다. 삶의 여유를 찾고 불필요한 일의 덫에 빠지지 않기 위해서다.

살을 빼야 하는가? 먹지 말아야 할 금지 목록을 만들어라.

너무 바쁘고 시간이 없는가? 자신의 하루 일정 가운데 하지 않아도 되는 금지 목록만 있으면 금세 여유가 생기게 된다. 나의 고쳐야 할 태도와 버릇, 언행 등 금지 목록을 만들어 실천하면 금세 평판이 좋아진다.

두드림 실천법 5

- **금지 목록을 만들어라.**
  - ▶ 개선해야 할 나의 '그 무엇'을 적어라.
  - ▶ 하루 일과 중 '안 해도 될 일'을 적어라.
  - ▶ 식습관 중 '고쳐야 할 것'을 적어라.
  - ▶ 생활 습관 중 '개선할 사항'을 적어라.
  - ▶ 말과 행동 중 '바꿔야 할 것'을 적어라.
  - ▶ 평생 해서는 '안 될 일'을 적어라.
  - ▶ 나의 평판을 해치는 '그 무엇'을 적어라.

- **실행하지 못한 금지 목록을 만들어라.**
  - ▶ 왜 지키지 못했는지 이유를 적어라.
  - ▶ 언제부터 지킬 계획인지를 적어라.

감사 목록을
만들어라

"감사합니다"라는 말은 나 자신은 물론 다른 사람의 마음을 기쁘게 하는 소중한 말이다.

나를 도와준 사람의 고마움을 알아주는 것은 서로의 관계를 깊게 만들어준다. 교통사고가 났지만 내가 작은 부상을 당했다고 가정해보자. 나는 어떻게 나 자신에게 말할 것인가. "이 정도 부상에 그치게 해줘서 감사합니다"라고 말한다면 나는 나 스스로를 위안하고 감사하게 된다.

성경에서도 감사함의 중요성을 갈파하고 있다.

"항상 기뻐하라.

쉬지 말고 기도하라.

범사에 감사하라."

– 데살로니가전서 5장 16~18절

성공하려면 "감사합니다"를 생활화해야 한다.

"친구야, 영숙아, 철수야~ 고마워."

"아들, 고마워."

"여보, 고마워."

"선생님, 교수님, 고맙습니다."

"부모님, 감사합니다."

하루에도 수십 번씩 "감사합니다. 정말 감사합니다"라고 말하자. 나를 도와줬던 주변의 모든 사람에게 고마움을 전하자. 친구, 동료, 상사, 부하직원 등 누구에게든지 고마워하자. 고마움에는 크고 작음이 없다. 중요하고 중요하지 않은 것도 없다.

지금 내가 살아 있어 감사한 일 100가지를 써보라.

부모님을 바라보는 나의 생각이 바뀌게 된다.

마주하기 싫은 친구가 있다면 그 친구 때문에 감사한 일 50가지를 써보자. 그 친구가 이상하게 고마운 사람으로 바뀌게 된다.

살고 싶지 않은 일이 있으면 내가 지금 살아 있어 감사한 일 100가지를 적어보자. 지금 내가 가진 생각이 모두 잘못됐음을 스스로 깨닫게 될 것이다.

현재를 탓하지 말라. 감사한 일들을 적어보면 현재가 기쁨으로 바뀌게 된다. 꿈을 꿀 수 있음에 감사하라. 살아 있음에 감사하라.

두드림에 감사하라. 이 책 《두드림, 청년이여 지금 시작하라》를 만난 것에 감사하라. 이 감사함은 당신의 삶에 큰 기쁨을 주리라.

"평생 두드림하라."

"날마다 꿈꾸고 도전하라."

"원하는 것을 두드리면 성공의 문이 열릴 것이다."

두드림 실천법 6

- **감사 목록을 만들어라.**
  - ▶ 부모에게 감사할 일을 적어라.
  - ▶ 가족에게 감사할 일을 적어라.
  - ▶ 동료, 후배, 친구에게 감사할 일을 적어라.
  - ▶ 선배, 스승에게 감사할 일을 적어라.
  - ▶ 회사와 상사에게 감사할 일을 적어라.
  - ▶ 배우자, 애인에게 감사할 일을 적어라.
  - ▶ 나 자신에게 감사할 일을 적어라.

- 이 책《청년이여, 지금 시작하라》에 대해 감사한 마음을 적어라.
- 감사 목록은 항목당 최소 50가지를 적어라.
- 날마다 감사드릴 일을 만들어라.
- 감사 내용을 공개하라.

자기계발 필독서

'두드림(Do Dream)' 시리즈

두드림 *DoDream*

2019
청년이여, 지금 시작하라

2015
청춘이여!
성공주문을
외쳐라

2016
두드림,
네 꿈을
펼쳐라

2017
불가능을
즐겨라

2018
챔피언의
비밀노트

'디 오렌지(The Orange)'란?

'MBN Y 포럼' 서포터스로 성공을 꿈꾸는 '희망 원정대'를 의미한다. 창의와 열정을 상징하는 오렌지는 MBN의 대표 색깔로 '황금'과 '부자', 즉 경제적 성공을 뜻한다.

MBN Y 포럼 사무국과 포럼을 함께 기획하며 기자, 작가, PD, 앵커, 아나운서, 포럼팀 등 다양한 분과에서 MBN 임직원들의 멘토를 받으며 대한민국 미래 리더가 될 꿈을 키운다.

'디 오렌지(MBN Y 포럼 서포터스)' 자료 조사팀

강유광, 강희선, 권익성, 김경진, 김도연, 김상희, 김예원, 김온, 김윤지, 김은지, 김채윤, 남솔이, 노광훈, 문경희, 민경훈, 박동휘, 박세원, 박현지, 송민수, 송유섭, 신현주, 심소강, 양다연, 여지윤, 오아현, 이성영, 이수민, 이승희, 이실유, 이윤형, 이인지, 이채린, 임세림, 정승아, 정지은, 정지현, 정채빈, 정철호, 조하은, 채선경, 최가영, 최민경, 최민지, 최영목, 최지윤, 추다연, 한정연, 한지수, 허유진

'MBN Y 포럼'이란?

1등 종합편성채널 MBN이 대한민국의 미래를 책임질 20~30대에게 꿈과 비전, 도전 정신을 제시하기 위해 기획한 글로벌 청년 포럼으로 '두드림(DoDream) 포럼'이 별칭이다. Y는 대한민국의 미래를 이끌 젊은 세대(Young Generation), 즉 Y세대를 상징한다.

〈MBN Y 포럼 2019〉를 만든 사람들

MBN 보도국 산업부·미디어기획부

최은수 부장(부국장), 강호형 부장, 이상범 차장, 이상주·이상은·윤지원·민지숙·서영수·홍주환 기자, 정경운·신지선·정승아 연구원

MBN Y 포럼 사무국

신명호 차장, 박지은 과장, 김민규 대리, 명연진·이상엽·이윤지·유혜림·이시온·문여진 연구원